T0274618

PEDRO CAMPOS

SIÉNTATE CONTIGO MISMO ♡

UNA GUÍA ILUSTRADA PARA APRENDER A MEDITAR

Grijalbo

El papel utilizado para la impresión de este libro ha sido fabricado a partir de madera procedente de bosques y plantaciones gestionadas con los más altos estándares ambientales, garantizando una explotación de los recursos sostenible con el medio ambiente y beneficiosa para las personas.

Siéntate contigo mismo
Una guía ilustrada para aprender a meditar

Primera edición: marzo, 2023

D. R. © 2023, Pedro Antonio Campos Díaz

D. R. © 2023, derechos de edición mundiales en lengua castellana:
Penguin Random House Grupo Editorial, S. A. de C. V.
Blvd. Miguel de Cervantes Saavedra núm. 301, 1er piso,
colonia Granada, alcaldía Miguel Hidalgo, C. P. 11520,
Ciudad de México

penguinlibros.com

ISBN: 978-607-382-706-5

Impreso en México – *Printed in Mexico*

Para Lupo, mi gran maestro de meditación

Sin quietud no hay silencio,
sin silencio no hay escucha,
sin escucha no hay comprensión,
sin comprensión no hay amor,
y sin amor nada tiene sentido.

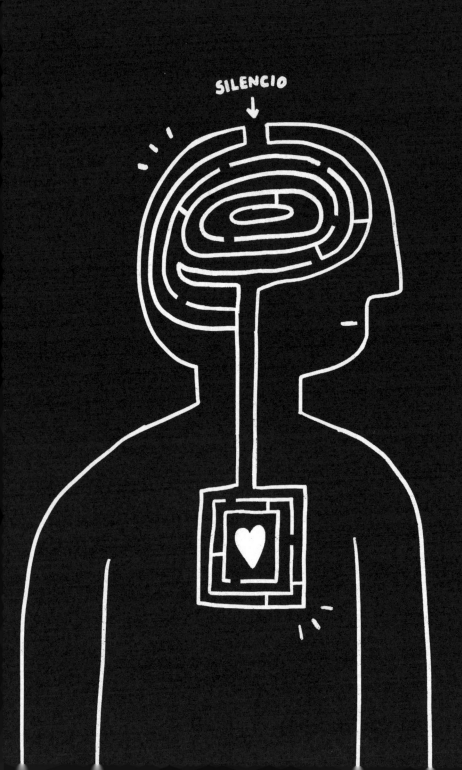

ÍNDICE

Introducción   11

Capítulo 1 · Hola, mucho gusto   15
Capítulo 2 · Qué es meditar y por qué deberías
    intentarlo   27
Capítulo 3 · Empieza a meditar   61
Capítulo 4 · Cómo formar el hábito de meditar   151
Capítulo 5 · De la meditación a la vida   177
Capítulo 6 · Inspiración para meditar cada día   207

Una despedida y una invitación   237

A MENUDO EVITAMOS
EL SILENCIO CREYENDO
QUE ASÍ EVITAREMOS EL
SUFRIMIENTO, PERO EN
REALIDAD DEDICAR UNOS
MOMENTOS DE QUIETUD
PARA VOLVER AL HOGAR
QUE HAY EN TI ES LO
ÚNICO QUE TE AYUDARÁ A
CURAR TU SUFRIMIENTO.

THICH NHAT HANH

INTRODUCCIÓN

Nuestra existencia está llena de retos. Retos que nos sacuden, retos que nos confunden, retos que nos abruman, retos que nos aturden. Desde una tubería rota hasta una enfermedad crónica; desde terminar con tu pareja hasta perder a un ser amado.

No es sencillo para nadie.

Pero en nuestro interior habita un espacio de calma y de silencio. Un espacio en el que podemos cultivar la fuerza, el sosiego y la confianza que necesitamos para enfrentar los retos de la vida con amor y sabiduría.

La meditación nos ofrece una vía de acceso a ese espacio.

Meditar es hacer una pausa para sentarnos con nosotros mismos, respirar y darle la bienvenida a todo lo que sentimos sin juzgarnos. Meditar es aprender a observar y soltar las historias que nos contamos para ver las cosas con claridad. Meditar es dejar de preocuparnos por el pasado y el futuro, para empezar a ocuparnos del momento presente.

Una vez que aprendemos a ver las cosas con aceptación y claridad, en el aquí y en el ahora, la vida se vuelve más ligera porque dejamos de pelearnos con ella y aprendemos a fluir con cada instante por más duro que parezca.

Meditar también nos ayuda a mantener la mente atenta y el corazón despierto para apreciar las maravillas que ocurren todo el tiempo a nuestro alrededor.

La vida es dura, pero también es hermosa.

Aprender a meditar es muy sencillo. Puedes empezar hoy mismo. Lo único que necesitas es motivación, compromiso y un poco de guía. La motivación y el compromiso están dentro de ti; la guía ya la tienes en tus manos.

CAPÍTULO 1

HOLA, MUCHO GUSTO

Querido lector o lectora, me alegra mucho que hayas decidido leer este libro. Aunque no te conozco (o quizá sí), puedo intuir que eres una persona que está en una búsqueda.

Tal vez estás buscando vivir con más paz mental, tal vez estás buscando sanar tu relación contigo mismo y con el mundo, o estás buscando más libertad, más calma, más autoconocimiento, más amor. Cualquiera que sea, quiero invitarte a que la aprecies y la honres, porque esa búsqueda te trajo hasta aquí. Ella nos une, nos conecta, nos hace amigos. No es casualidad que estés leyendo este libro.

Antes de empezar a hablar de meditación, quiero contarte un poco acerca de mí para que me vayas conociendo. No me extenderé demasiado.

Mi nombre es Pedro, tengo 37 años. Vivo con mi esposa Laiza y nuestro perro Lupo. Me gusta escribir, dibujar y componer canciones. Me gustan las mañanas y el café (¿a quién no?). Me gusta llevar una vida tranquila y sencilla, aunque no siempre es fácil. Me gusta reflexionar y pasar tiempo a solas. Yo también estoy en una búsqueda.

Al igual que tú, lidio con la vida lo mejor que puedo. Lidio con exceso de pensamientos, con mi crítico interno, con mi ego y mis inseguridades. Lidio con un deseo incesante de productividad, con el miedo a ser vulnerable. Lidio con una enfermedad en los ojos llamada retinosis pigmentaria. Estoy aprendiendo a estar bien con todo lo que representa estar vivo, me siento contento con quien soy. La meditación ayuda bastante.

Empecé a meditar hace apenas siete años. Es muy poco tiempo comparado con meditadores más avanzados, pero el cambio que he notado en mí es enorme. Lo hice por mera curiosidad, quizá motivado por un deseo de sentirme más en paz, más ligero, más despierto. No fue fácil al principio. Mi mente daba vueltas (las sigue dando), me aburría bastante (me sigo aburriendo) y no terminaba de entender cuál era el propósito de sentarme en silencio a sentir la respiración (ahora lo entiendo y lo agradezco). Aprendí de manera autodidacta, leyendo libros y siendo constante con mi práctica.

Después de dos años, tras ver los frutos de una rutina de meditación constante, decidí capacitarme para enseñar a otras personas a hacerlo. No sé exactamente por qué lo hice, puedo decir que sentí un fuerte llamado dentro de mí. Cursé un diplomado de formación en el Instituto de Mexicano de Mindfulness, donde además de profundizar en mis conocimientos sobre el tema, obtuve las herramientas necesarias para enseñar a los demás. Después de graduarme empecé a dar algunos talleres y cursos presenciales con mucho entusiasmo. Hasta que llegó la pandemia.

Con el encierro surgió la necesidad de migrar a impartir cursos y talleres en línea. Esto abrió mi mundo tremendamente. Empecé a enseñar a personas de todo el mundo y mi rol como facilitador de *mindfulness* se volvió más importante en mi vida, por lo que me comprometí a seguir fortaleciendo mis capacidades cursando más formaciones. Una de ellas fue el *Mindfulness Meditation Teacher Training* impartido por el maestro budista David Nichtern, del cual me gradué a la par que terminé de escribir este libro.

Hoy en día, estoy tratando de llevar mi práctica espiritual y de meditación a un nivel más tranquilo, menos ávido, sin tanta hambre por aprender. Sigo meditando todos los días, pero quiero ir lento, confiando en mi propia sabiduría. Quiero regresar a lo esencial, disfrutando el flujo de la vida sin apegarme a nada.

Este libro es el resultado de esa búsqueda de sencillez que nunca deja de perseguirme. Quise escribir algo simple y práctico. Quise escribir una guía ilustrada para que más personas tengan una puerta de acceso amigable y confiable a la meditación.

Aprecio de corazón que estés aquí. Prometo hacer todo lo posible para que este libro sea el detonante de un nuevo hábito en tu vida. Quizás el más importante de todos: sentarte contigo mismo.

EL ARTE DE SENTARME CONMIGO MISMO

Todos los días hago algo que ante los ojos de los demás podría parecer una pérdida de tiempo:

Me siento conmigo mismo en silencio y quietud durante varios minutos. En otras palabras, me dedico a meditar.

¿Y qué hago mientras estoy ahí?

Siento mi respiración y habito mi cuerpo.

Observo mi mente sin enredarme con ella.

Soy y nada más.

No hay agenda ni objetivo, sólo atención y presencia.

Parece sencillo, pero conlleva sus retos. Parece absurdo, pero transforma mi vida.

Meditar es enfrentarme al desenfreno de mi mente, a la inquietud de mi cuerpo, al flujo de mis emociones y a la insoportable tarea de dejar de hacer para simplemente *ser*.

¿Y qué caso tiene someterme a tremenda tortura? ¿Qué hay de provechoso en quedarse sentado sin hacer nada más que sentir la respiración?

Pues resulta que hacer esto todos los días me está convirtiendo en una persona más estable y menos reactiva, más contenta y menos ansiosa, más en paz y menos en guerra. Estoy lejos de ser un monje iluminado, pero al menos soy menos torpe, menos impulsivo, menos descuidado.

La neurociencia ha estudiado el cerebro de las personas que, al igual que yo, practican la meditación y han descubierto que sus cerebros son distintos a los de las personas que no lo hacen: las partes asociadas a la atención y a la regulación emocional son más fuertes; y las partes asociadas al estrés se activan con menos frecuencia.

Mi cerebro no ha sido estudiado por nadie (ellos se lo pierden), pero puedo afirmar, con base en mi propia autoobservación, que algo ha cambiado en mí y en la forma en la que me relaciono con la vida.

Sentarme conmigo mismo me ayuda a conocerme mejor y aceptarme tal como soy. Fortalece mi capacidad de regresar al momento presente y me permite ver la vida con claridad, sin enredarme demasiado en mis pensamientos. Desde que empecé a meditar soy menos apegado a mi visión egocéntrica de la vida, lo que me permite ser más amable y compasivo con quienes me rodean. Me siento con el corazón más sensible y a la vez más fuerte.

Estos cambios no han ocurrido de un día para otro, sino que se han dado paulatinamente a través de una práctica constante. A veces dejo de meditar por un día o dos, pero siempre vuelvo a retomarlo. No pienso dejar de hacerlo nunca, pues me entusiasma saber todo lo que puedo seguir aprendiendo (y sobre todo desaprendiendo) de esta práctica tan sencilla y al mismo tiempo tan profunda.

Ahora es tu turno de sentarte contigo mismo y descubrir por tu propia cuenta los beneficios que este acto puede traer a tu vida.

UNA INVITACIÓN AL SILENCIO Y LA QUIETUD

—

Toda la vida
andas corriendo
¿puedes sentarte
por un momento?

Fuera pantallas
fuera quehaceres
quédate quieto
descubre quién eres

Cierra los ojos
habita el cuerpo
apaga el ruido
siente el silencio

No hay objetivo
no hay resultado
tan sólo observa
no es complicado

Inhala aquí
exhala ahora
nada te falta
nada te sobra

Quédate un rato
en plena presencia
acéptalo todo
sin resistencia

¿Mil pensamientos
en tu cabeza?
así es la mente
sonríe y suelta

Deja que el cielo
se vaya aclarando
es como ver
las nubes pasando

Honra este instante
ahora y siempre
esto es vivir
el momento presente.

QUÉ ESPERAR DE ESTE LIBRO

Aquí aprenderás a meditar desde cero.

A lo largo de estas páginas encontrarás información clara, dibujos sencillos, frases inspiradoras y ejercicios prácticos que te ayudarán a comprender qué es la meditación, para qué sirve y cómo se practica.

Para mantener las cosas simples, nos enfocaremos en una técnica en particular conocida como **meditación *mindfulness* de atención a la respiración**. De todas las técnicas de meditación que existen, ésta es la que yo recomiendo para empezar, por tres principales razones:

1. **Es sencilla.** Puedes realizarla sin muchos requisitos.
2. **Es confiable.** Cuenta con un respaldo científico sólido.
3. **Es transformadora.** En verdad puede cambiarte la vida.

Primero veremos un poco de teoría y después pasaremos directo a la acción, pues la única manera en la que podrás beneficiarte de la meditación es practicándola.

Este libro está diseñado para que empieces a meditar a la par que avanzas con la lectura. Poco a poco irás encontrando respuestas a tus dudas, comprenderás la práctica a un nivel más profundo y te llenarás de motivación para formar el hábito de hacerlo todos los días.

Esto es lo que aprenderás:
- Qué es la meditación *mindfulness.*
- Para qué sirve.
- Cómo meditar.
- Cómo formar el hábito.
- Cómo vivir con paz mental.

Además, en la última sección encontrarás una colección de reflexiones y poemas que te inspirarán a seguir meditando y a contemplar el mundo con otra mirada.

Espero que lo disfrutes y que sea de gran beneficio para ti.

DISFRUTA

CAPÍTULO 2

QUÉ ES MEDITAR Y POR QUÉ DEBERÍAS INTENTARLO

MINDFULNESS ES UN ENTRENAMIENTO MENTAL QUE TE ENSEÑARÁ A EXPERIMENTAR EL MUNDO DE UNA MANERA COMPLETAMENTE NUEVA. APRENDERÁS POR PRIMERA VEZ LO QUE EN VERDAD SUCEDE DENTRO Y FUERA DE TI. ES UN PROCESO DE AUTODESCUBRIMIENTO.

BHANTE HENEPOLA GUNARATANA

La palabra *meditación* es muy amplia y puede significar muchísimas cosas. Existen diversas técnicas de meditación provenientes de distintas tradiciones espirituales. Sin embargo, aquí nos enfocaremos en una en particular conocida como **meditación *mindfulness* de atención a la respiración**. Siempre que veas las palabras *meditación*, *meditar* o *sentarte contigo mismo* en este libro, me estaré refiriendo a esta técnica en específico.

La *meditación mindfulness de atención a la respiración* tiene su origen en el budismo, una tradición con más de 2 600 años de antigüedad que surgió en la India y que poco a poco se ha ido extendiendo por todo el mundo, adaptándose a la cultura de cada país. El budismo puede entenderse como un conjunto de prácticas para la vida cuyo propósito es el cultivo de la paz (o la liberación del sufrimiento) a través de la sabiduría, la ética y el entrenamiento mental. No es necesario que seas budista para practicar este tipo de meditación, pues la técnica en sí es completamente laica.

Para entender en qué consiste, primero necesitamos hablar de *mindfulness*.

Mindfulness (o **atención plena** en español) es la capacidad de prestar atención al momento presente, con una actitud de apertura, sin dejarnos llevar por nuestras narrativas mentales y sin reaccionar en automático.

COSAS
PASÁNDOME

MIND-
FULNESS

COSAS
PASANDO

La mayoría de las personas no tenemos desarrollada esta capacidad. Por lo regular hacemos todo lo contrario:

- Vivimos con la mente dispersa.
- Nos la pasamos pensando en el pasado o en el futuro.
- Nos dejamos dominar por nuestros juicios, miedos y deseos.
- Actuamos en piloto automático.

Vivir así nos tiene en un constante conflicto con nosotros mismos y con el mundo que nos rodea. La vida se vuelve muy pesada cuando nos dejamos dominar por la inquietud de nuestra mente y la impulsividad de nuestros actos.

En cambio, si aprendemos a observar con calma lo que nos ocurre, lo que pensamos, lo que sentimos y lo que hacemos, todo se vuelve más ligero. Cuando estamos realmente atentos al momento presente, ganamos autonomía sobre nosotros mismos.

Mindfulness es una capacidad que todas las personas tenemos el potencial de cultivar a través de un entrenamiento sencillo y práctico. Este entrenamiento es lo que se conoce como **meditación mindfulness**.

A través del simple acto de sentarte contigo mismo en silencio y en quietud llevando tu atención a la respiración con amabilidad y paciencia, aprenderás a relacionarte con tu mente, con tus emociones y con la vida de una manera distinta.

Meditar te permitirá estar más presente en tu día a día, no dejarte llevar por todos los pensamientos que surgen en tu cabeza y ser una persona menos reactiva. Serás capaz de ver las cosas con claridad para actuar con sabiduría. Esto se traduce en una vida más plena, más consciente y con más paz interior.

El propósito de la meditación *mindfulness* no es que te relajes, ni que dejes de pensar, ni que alcances un estado de éxtasis. El propósito es que aprendas a observar tus pensamientos sin enredarte con ellos, a dejarlos ir cuando sea necesario y a regresar al momento presente. Esto es lo que te ayudará a vivir mejor, porque dejarás de ser víctima de tus narrativas mentales y de tus reacciones automáticas. Serás libre.

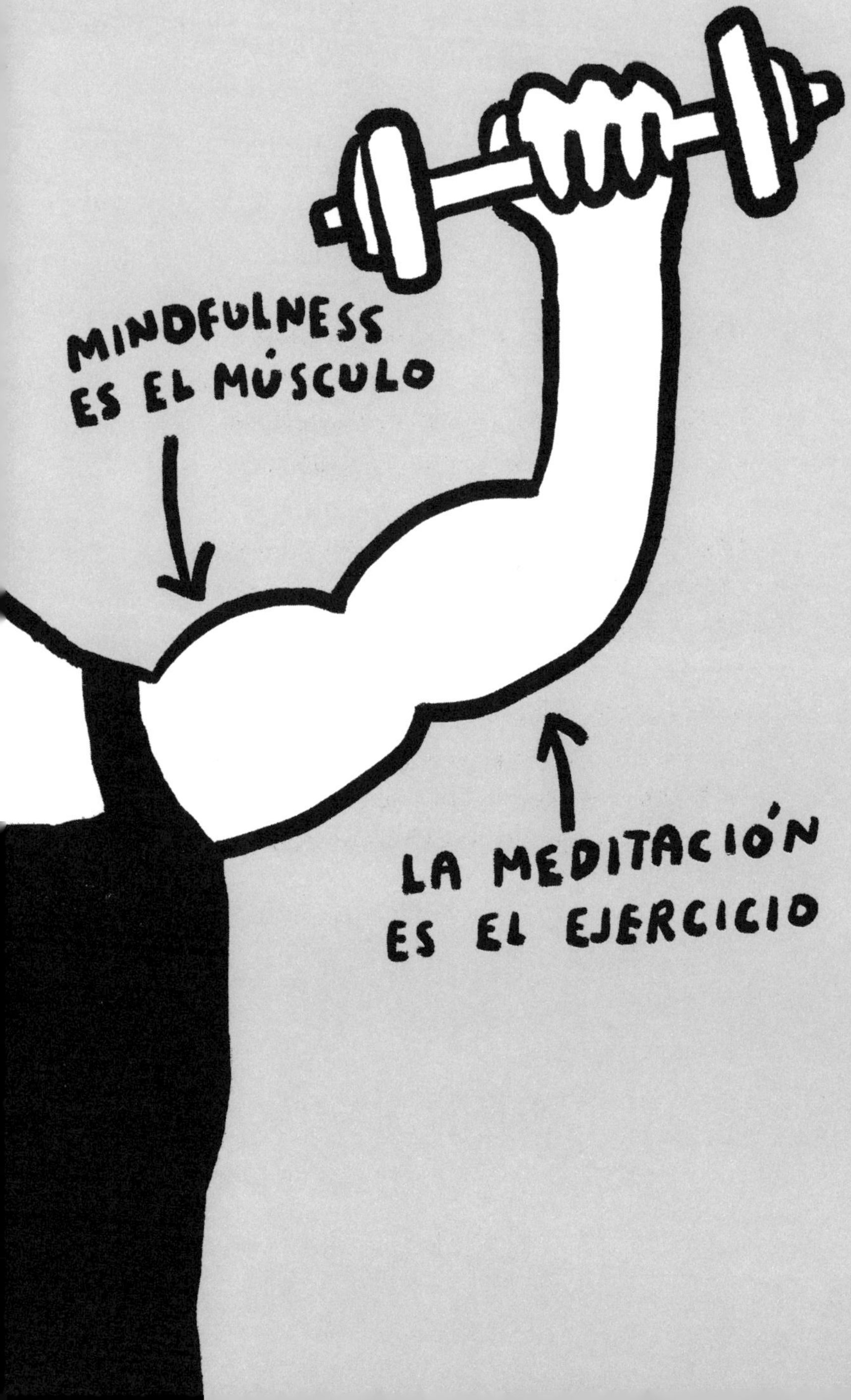
MINDFULNESS
ES EL MÚSCULO
LA MEDITACIÓN
ES EL EJERCICIO

Mindfulness es el arte de ver las cosas con claridad, con absoluta presencia, como una montaña sabia y serena, contemplando el paisaje sin querer cambiarlo.

Mindfulness es respirar sabiendo que estás respirando, caminar sabiendo que estás caminando, sentir sabiendo que estás sintiendo.

Minfulness es ese breve espacio entre acción y reacción, es esa pausa que nos permite actuar con sabiduría para dejar de vivir en automático y empezar a vivir con plenitud.

UNA PRÁCTICA SENCILLA Y PROFUNDA A LA VEZ

Meditar es bastante sencillo. La práctica consiste en tres simples pasos:

1. Siéntate.
2. Lleva tu atención a la respiración.
3. Cada vez que te enredes con tus pensamientos y te olvides de tu respiración, date cuenta, suelta los pensamientos y regresa a la respiración.

Básicamente, lo único que hay que hacer es permanecer sentado en silencio y en quietud por un tiempo determinado, procurando mantener la atención en la sensación de inhalar y exhalar. Cada vez que la mente se enrede con un pensamiento (cosa que inevitablemente ocurrirá), basta con darse cuenta, dejar ir el pensamiento sin juzgarlo y regresar al momento presente, depositando nuevamente la atención en la respiración. Este proceso se repite múltiples veces hasta que el tiempo de la sesión haya concluido. Es un excelente gimnasio mental en el que se ejercita nuestra capacidad de estar en el aquí y en el ahora, soltando nuestras distracciones.

Pero meditar es mucho más que eso. Esta práctica tan aparentemente simple y aburrida alberga una hermosa y profunda complejidad, además de ser muy interesante. El arte de sentarse consigo mismo conlleva una serie de descubrimientos y cambios de paradigma capaces de transformar por completo la manera en la que interactuamos con el mundo.

Meditar es explorar nuestro mundo psicológico y emocional para conocernos mejor y descubrir quiénes somos. Meditar es pasar tiempo a solas con nosotros para aprender a aceptarnos y amarnos sin necesidad de ser perfectos. Meditar es enfrentarnos a nuestras inquietudes y nuestras expectativas para cultivar la virtud de la paciencia. Meditar es desmantelar nuestras creencias y nuestras interpretaciones de la realidad para aprender a contemplar la vida en su esencia más pura.

Cuando nos sentamos con nosotros mismos podemos ver el universo que somos. ¿Puedes creer que un acto tan sencillo resulte tan fascinantemente complejo?

MEDITAR

 ES

DESMANTELAR

NUESTRAS

 CREENCIAS

PARA  DESCUBRIR

LA VIDA

EN SU

 ESENCIA

MÁS PURA

MEDITAR NO ES DEJAR LA MENTE EN BLANCO

Cuando yo tenía alrededor de 10 años, la mamá de mi amigo Antonio tenía un grupo de amigos que se juntaban a meditar en su casa los sábados por la mañana. Como yo solía quedarme a dormir ahí los viernes, a la mañana siguiente me tocaba verlos sentados en silencio con las piernas cruzadas.

Un día le pregunté a Antonio acerca de lo que hacían su mamá y sus amigos, a lo que él me respondió: *dejan su mente en blanco*. Esta respuesta me resultó muy difícil de creer. *¡Eso es imposible, si piensas en dejar la mente en blanco entonces estás pensando en algo!* —dije.

Unas décadas más tarde, puedo afirmar que el pequeño Pedro tenía razón. Es imposible dejar de pensar. Y meditar, definitivamente, no es dejar la mente en blanco.

No existe un botón para apagar los pensamientos y esto tiene una explicación. La neurociencia ha descubierto que en nuestro cerebro hay un conjunto de regiones que permanecen activas de manera automática y predeterminada aun cuando estamos en reposo, dormidos o incluso bajo un estado de anestesia. Este conjunto de regiones se llama Red Neuronal por Defecto y es el responsable de toda la rumiación, ensoñación y divagación que ocurre en nuestra mente más allá de nuestra propia voluntad. No hay manera de frenar la actividad de la red neuronal por defecto, por lo tanto, dejar de pensar no es factible. Lamento si empezaste a leer este libro esperando encontrar el secreto para dejar de pensar.

Lo que sí podemos hacer es observar la actividad de nuestra red neuronal por defecto. Podemos darnos cuenta de nuestros pensamientos automáticos sin creernos todo lo que nos dicen y sin dejarnos arrastrar por ellos. ¿Cómo? Regresando una y otra vez a la respiración, con paciencia y gentileza. Eso es lo que realmente intentamos hacer cuando meditamos.

Así que, por favor, grábate muy bien esto: **meditar no es dejar la mente en blanco.**

¿Me prometes que no se te olvida?

MEDITAR ES DESCUBRIR QUIÉN ERES

MEDITAR NO ES ENTRAR EN UN TRANCE

Muchas personas piensan que meditar es entrar en un trance de gracia y liberación. Creen que la meditación las llevará a un lugar especial, lejos de sus problemas, donde sólo hay luz y sensaciones placenteras.

Esto no es verdad.

Lo que en realidad pretendemos con la meditación *mindfulness* es salir del trance.

Salir del trance del odio.

Salir del trance del miedo.

Salir del trance de las obsesiones.

Salir del trance de las expectativas.

Salir del trance del autodesprecio.

Salir del trance de los pensamientos repetitivos.

Salir del trance de la falsa interpretación de las cosas.

Cuando salimos del trance lo único que queda es la vida en su más pura esencia. La vida ocurriendo, la vida cambiando, la vida siendo vida sin necesidad de ser perfecta.

Y es justo ahí, en la vida fuera del trance, donde podemos encontrar la paz, la claridad y la libertad que tanto buscamos.

MEDITAR
NO ES ENTRAR
EN UN TRANCE

MEDITAR
ES SALIR
DEL TRANCE

MEDITAR ES FAMILIARIZARSE CON LAS COSAS

En idioma tibetano, la palabra que se utiliza para referirse a la meditación es **gom**, la cual significa: *familiarizarse con.*

Me gusta mucho esta definición porque se acerca a lo que realmente hacemos cuando meditamos.

Sentarte contigo mismo es una gran manera de familiarizarte con las partes de ti que no siempre ves cuando estás haciendo otras cosas. Es hacer amistad con quien realmente eres.

Meditar es familiarizarte con tu respiración. Notarla, sentirla, saber que puedes refugiarte en cada inhalación y en cada exhalación.

Meditar es familiarizarte con tu mente. Es observar y entender cómo se comporta para no dejarte dominar por ella, sin necesidad de querer controlarla.

Meditar es familiarizarte con tus emociones. Es reconocer e investigar lo que sientes para entablar una relación más sana con tu mundo emocional.

Meditar es familiarizarte con la vida en todas sus facetas: hermosa y dolorosa, ruidosa y silenciosa, aburrida y sorprendente, incierta y cambiante.

Cuando nos familiarizamos con las cosas, éstas dejan de asustarnos.

COMPLETA LA SIGUIENTE FRASE

QUIERO MEDITAR PARA FAMILIARIZARME CON

↓

_____

_____

_____

_____

_____

_____

MEDITAR TRANSFORMA TU CEREBRO

Una de las razones por las que la meditación *mindfulness* se ha vuelto tan relevante es debido a la enorme cantidad de investigaciones que se han realizado en el campo de la neurociencia.

Cada vez son más los estudios que apuntan a que una práctica constante de meditación puede modificar favorablemente la estructura y el funcionamiento de nuestro cerebro. La doctora en neurociencia de la escuela de medicina de Harvard Sara Lazar realizó dos investigaciones bastante reveladoras en este sentido.

En un primer estudio, escaneó los cerebros de dos grupos distintos. Un grupo consistía en personas que llevaban años meditando; el otro eran personas que no lo hacían. Al comparar los resultados de ambos, se encontró que los cerebros de los meditadores tenían mayor cantidad de materia gris en su corteza prefrontal con relación a los cerebros de los no meditadores. La corteza prefrontal es la encargada de la memoria a corto plazo, la concentración y la toma de decisiones. Esta parte del cerebro suele deteriorarse a medida que envejecemos; sin embargo, en este estudio se observó que había meditadores de 50 años que poseían una corteza prefrontal similar a la de una persona de 23. Meditar mantiene el cerebro joven y fuerte.

En un segundo estudio, Sara Lazar quiso explorar si era posible que personas que nunca han meditado pudieran cambiar la estructura de su cerebro después de participar en un programa de reducción de estrés basado en *mindfulness* con duración de ocho semanas.

El hallazgo fue positivo. Tras estas semanas de ejercicios de meditación *mindfulness* se pudo observar, a través de estudios de resonancia magnética, que los participantes lograron fortalecer su hipotálamo, una parte del cerebro que juega un rol muy importante en la regulación emocional. También se observó una disminución en el volumen de la amígdala, la parte de nuestro cerebro encargada de detonar el estrés y la ansiedad. Lo más valioso de esto es que las personas que participaron en el estudio reportaron que realmente se sentían más tranquilas y con menos estrés.

Hasta la fecha se siguen realizando más investigaciones con distintos parámetros y enfoques. Algunas de éstas apuntan a que una práctica constante de meditación *mindfulness*:

- Mejora la atención y la concentración.
- Reduce el estrés y la ansiedad.

- Evita recaídas en depresión.
- Aumenta la percepción de felicidad y bienestar.
- Disminuye la presión arterial.
- Fortalece el sistema inmunológico.
- Ayuda a tolerar mejor el dolor crónico.
- Previene el envejecimiento celular.

Aunque estos beneficios suenan prometedores y hasta milagrosos, pienso que lo mejor que podemos hacer es descubrir los beneficios de la meditación por cuenta propia.

Adopta una práctica de meditación constante, siéntate contigo mismo todos los días y observa cómo te vas sintiendo y qué cambios vas notando con el paso del tiempo. Eso es lo que más importa.

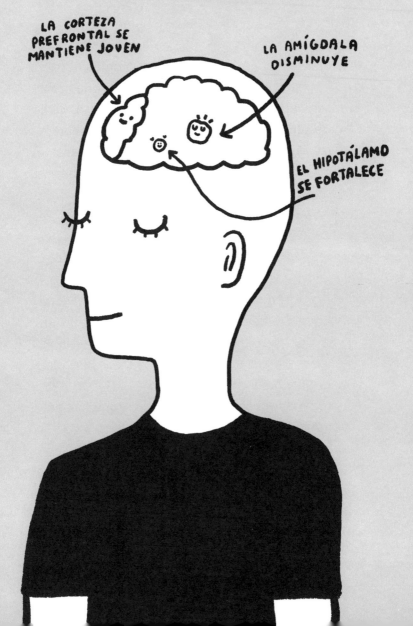

MEDITAR TE AYUDARÁ A VIVIR EN PAZ

Toda nuestra insatisfacción y todos nuestros conflictos se deben a las historias que nos contamos acerca de nosotros mismos, acerca de los demás y acerca del mundo. Cuanto más nos creemos esas historias y cuanto más apego les tenemos, más difícil se vuelve encontrar paz en nuestra vida.

Nos estresamos innecesariamente porque nos preocupan cosas que no sabemos si son verdad o si realmente pasarán.

Nos afligimos con frecuencia porque le añadimos interpretaciones a las cosas que nos pasan.

Nos peleamos con los demás porque evaluamos lo que piensan, dicen y hacen de acuerdo con nuestras propias narrativas.

Nos saturamos de pendientes porque nos aferramos a cumplir expectativas que sólo viven en nuestra mente.

Esto no quiere decir que la vida sea fácil. Es duro lidiar con la complejidad de las relaciones, con las exigencias del trabajo, con el dolor de la enfermedad y con la angustia de la muerte. Sin embargo, muchas veces nuestra cabeza nos hace la carga más pesada de lo que es en realidad.

Practicar todos los días el ejercicio de meditación que aprenderás en este libro te ayudará a tomar distancia de tus pensamientos para poderlos observar sin creerte todo lo que te dicen. También aprenderás a responder con ecuanimidad ante los sucesos de la vida, sin dejarte arrastrar por las historias que surgen en tu mente.

Cuando estás meditando, cada vez que descubres que te has enredado con algún pensamiento, estás fortaleciendo tu capacidad de salir del piloto automático. Cada vez que regresas a tu respiración, estás fortaleciendo tu capacidad de dejar ir. Y cada vez que permaneces con tu inhalación y tu exhalación, estás fortaleciendo tu capacidad de habitar el aquí y el ahora.

Una persona que no sabe salir del piloto automático, que no sabe dejar ir y que no sabe vivir en el presente, rara vez estará tranquila. Pero alguien que ha aprendido a estar presente y a ver las cosas como son será capaz de vivir con paz interior aun en los momentos más difíciles.

MEDITAR ES UN MOMENTO PARA TI

¿Cuántos minutos al día pasas contigo mismo?

¿Cuánto tiempo dedicas a conocerte?

¿Cuántas veces te sientas a disfrutar el simple acto de estar vivo?

Meditar, además de ser un entrenamiento para nuestra atención, es un ritual para estar con nosotros mismos en silencio y en quietud. Sin nada que perder, sin nada que ganar.

Meditar es un regalo para ti mismo.

Dátelo.

BAJAR LA VELOCIDAD

Vivimos demasiado aprisa. La inmediatez con la que pasamos de una actividad a otra es excesiva. Siempre hay algo por hacer, el tiempo parece no alcanzarnos y nunca nada se siente suficiente.

Vivir a este ritmo hace que nuestra mente vea las cosas de manera distorsionada. Es como ir en una montaña rusa. Desde ese carrito que se desliza y se sacude a una velocidad vertiginosa todo luce borroso y agitado.

Meditar es bajarse de la montaña rusa, poner los pies en el suelo y ver todo con más calma. Sentarte contigo mismo es el arte de parar, respirar y observar la realidad con más espacio y claridad mental.

Una mente agitada por la velocidad de nuestros hábitos interpreta todo como una urgencia, una preocupación, un drama. En cambio, una mente sosegada por la respiración, el silencio y la quietud es capaz de entender que se puede ir más tranquilo por la vida.

EL BENEFICIO MÁS GRANDE DE SENTARTE CONTIGO MISMO

Nunca he sido fan de enlistar los beneficios de meditar. ¿Por qué? Primero, porque pienso que no todas las personas obtienen exactamente los mismos resultados. Y segundo, porque creo que darle demasiada importancia a los frutos de la práctica puede convertirse en un obstáculo más que en una motivación. Si nos sentamos a esperar un beneficio en específico, terminaremos frustrados cuando no obtengamos lo que esperábamos y perderemos la oportunidad de acercarnos a la experiencia con una actitud de curiosidad y apertura.

Todas las personas somos únicas y tenemos contextos de vida muy diferentes. No todos van a dormir mejor si empiezan a meditar, no todos van a reducir su estrés de forma evidente, no todos van a sentirse en paz de un día para otro. Sin embargo, estoy seguro de que cualquier persona que se aventure en el arte de sentarse consigo misma con una capacidad de asombro bien despierta encontrará algo positivo en esta práctica desde el primer día.

Entonces ¿cuál es el beneficio más grande de meditar? ¡El que a ti se te vaya presentando momento a momento!

Mantén tus ojos y tu corazón abiertos, presta atención a cómo te vas sintiendo una vez que empieces a meditar. Hazlo como un niño que está descubriendo el mundo por primera vez.

No compares tu progreso con un artículo de internet sobre las cinco razones por las cuales meditar cambiará tu vida, ni siquiera lo compares con lo que yo pueda compartir en este libro. Mejor presta atención a cómo te vas sintiendo tú y a las cosas que vayas encontrando en tu camino.

Esto se llama el arte de sentarte contigo mismo, precisamente porque se trata de ti. Sólo tú sabes cómo eres, cómo piensas y cómo te sientes. Date la oportunidad de los beneficios que esta práctica tiene especialmente para ti.

CAPÍTULO 3

EMPIEZA A MEDITAR

LA PRÁCTICA DE LA MEDITACIÓN NO CONSISTE EN TRATAR DE DESHACERNOS DE NOSOTROS MISMOS Y CONVERTIRNOS EN ALGO MEJOR. SE TRATA DE HACERNOS AMIGOS DE QUIENES YA SOMOS.

PEMA CHÖDRÖN

¿Estás listo para meditar? ¡Pues ha llegado el momento de hacerlo!

En esta sección aprenderás todo lo que necesitas saber para aprender a meditar a tu propio ritmo, manteniendo un trato amable contigo mismo.

Primero, conocerás a detalle cada uno de los tres pasos de la técnica de *meditación mindfulness de atención a la respiración*. Posteriormente, te invitaré a realizar tu primera práctica para que pruebes la experiencia. Después, a medida que vayas avanzando con la lectura, irás encontrando recomendaciones y consejos prácticos que te ayudarán a resolver cualquier duda y a comprender más a fondo esta técnica.

En un inicio podrás apoyarte de audios de meditación guiada que te ayudarán a familiarizarte con la práctica (disponibles en *sientatecontigomismo. com*). Pero más adelante, si así lo deseas, podrás aventurarte a meditar por tu propia cuenta sin necesidad de que nadie te guíe.

Estoy seguro de que con paciencia y dedicación podrás convertir la meditación en una herramienta que te acompañe a lo largo de toda tu vida.

PASO 1: SIÉNTATE

El primer paso es tomar asiento, ¿pero cómo?

Para mantener este método simple y práctico, quiero proponerte que empieces a meditar sentándote en una silla o en un sofá. De esta forma no necesitarás conseguir un cojín especial ni deberás preocuparte acerca de cómo cruzar tus piernas. Todo el mundo tiene una silla en casa, así que todo el mundo puede meditar.

Antes de entrar en detalles específicos sobre cómo acomodar tu cuerpo cuando te sientes, es fundamental que sepas que lo más importante es que tu postura te proporcione estabilidad y balance.

Estabilidad quiere decir que tu cuerpo debe sentirse bien anclado en la superficie que te sostiene. Debes encontrar confianza y seguridad en tu postura. Algunos maestros de meditación usan la metáfora de una montaña. Al sentarte, imagina que eres una montaña sabia, digna y bien anclada a la tierra.

Balance significa que tu postura debe motivarte a estar despierto y presente, pero al mismo tiempo debe sentirse cómoda y amigable. Vigilante, pero tranquilo. Erguido, pero no tenso. Firme, pero suave. Elegante, pero relajado.

Es necesario que encuentres una silla o un sofá que cumpla con los siguientes requisitos:

- La altura debe permitir que las plantas alcancen a tocar completamente el suelo una vez que estés sentado.
- Debe sentirse firme y estable. Evita sillas que se muevan mucho o que tengan rueditas. Evita esos sillones que se hunden demasiado cuando te sientes en ellos.
- No es indispensable que tu asiento tenga respaldo, ya que la postura será sin recargarse. Si tienes problemas de espalda o dolor lumbar, sí es recomendable que utilices una silla o sillón con respaldo y que tengas algunos cojines para darte soporte. Hablaremos más de esto cuando sea el momento.

Ahora revisemos los diez puntos de una postura adecuada para meditar en una silla.

1. **Coloca tus pies bien plantados en el suelo.** Puedes meditar con zapatos o descalzo, eso no es tan relevante. Lo importante es que, al sentarte, ambas plantas de tus pies estén completamente posadas sobre el suelo. Esto te dará estabilidad, tranquilidad y firmeza.

SE VALE
COLOCAR SOPORTE
EN LA ESPALDA
SI LO CONSIDERAS
NECESARIO

2. **Siéntate en la silla de manera natural.** Mantén tus piernas cómodas. De preferencia procura que el doblez de tus rodillas forme un ángulo de 90 grados. Tu cadera debe sentirse relajada.

3. **Coloca tus manos con las palmas hacia abajo**, sobre tus muslos o rodillas (donde sea que se acomoden de forma natural). Esta posición de las manos te dará serenidad y confort. Asegúrate de que tus manos estén suaves y relajadas, evita tenerlas duras o engarruñadas.

4. **Mantén tu espalda erguida, pero no tensa.** Para esto puedes pretender que un hilo imaginario te jala suavemente hacia arriba desde la coronilla. La idea es que la posición de tu espalda te ayude a estar despierto y alerta. Tu postura debe reflejar dignidad y disposición a estar presente. Evita esforzarte de más, no quieres tener una espalda tensa y rígida. Debe sentirse natural, cómodo, agradable. Evita jorobarte.

5. **De preferencia evita recargar tu espalda.** Procura sostenerte por ti mismo, sin ningún tipo de respaldo, esto es para que puedas mantenerte despierto y presente con más facilidad. Quizás al principio sea retador y te canses un poco, pero es parte del proceso. Si sufres de dolor de espalda o te cuesta mucho trabajo sentarte sin apoyo, puedes colocar algunos cojines para dar soporte a tu espalda baja o alta, según lo que necesites, tratando de mantenerte lo más recto posible.

6. **Tu pecho y tu estómago deben estar suaves.** Es posible que, al tratar de tener tu espalda firme, termines tensando tu parte frontal, pero esto no es necesario. Trata de que tu estómago y tu pecho estén suavecitos, libres de tensión.

7. **Mete ligeramente el mentón.** Esto no significa que debas agachar la cabeza. Meter ligeramente el mentón es un gesto suave que te ayudará a alinear tu nuca con la columna. Tu rostro debe estar mirando hacia adelante.

8. **Suaviza tu rostro.** Asegúrate de que la mandíbula esté bien relajada, no aprietes los dientes. Suelta cualquier tensión en el ceño o en las mejillas. Si gustas puedes esbozar una media sonrisa.

9. **Tus ojos pueden ir suavemente cerrados o abiertos.** Prueba ambas opciones y elige la que te ayude a estar más presente. Si cierras los ojos, hazlo con suavidad. Si los abres, procura que tu mirada esté hacia el suelo sin estar viendo nada en particular.

10. **Asegúrate de que la postura se sienta bien.** La postura no debe doler, ni incomodarte demasiado. Lo más importante aquí es que el acomodo de tu cuerpo te invite a cultivar presencia, atención y ecuanimidad de una forma que te resulte amigable. Disfruta.

Una buena postura es la base para una buena meditación.

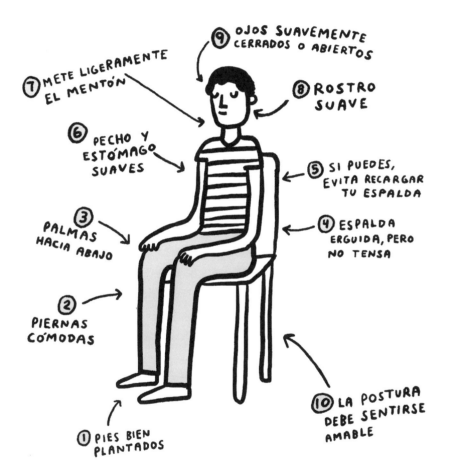

PASO 2: LLEVA TU ATENCIÓN A LA RESPIRACIÓN

Una vez que hayas tomado tu postura, el siguiente paso es hacerte consciente de tu respiración. En esta técnica de meditación no es necesario que modifiques su ritmo. El flujo de tu respiración debe ser natural. Respira como siempre lo haces. Inhalando y exhalando por la nariz.

Presta atención a la sensación de inhalar y exhalar. ¿Cómo se siente el aire entrando y saliendo? ¿Dónde se siente? Tal vez puedas percibir la sensación del aire fresco en las fosas nasales, o quizá puedas notar que el pecho y el estómago se inflan con cada inhalación y se desinflan con cada exhalación.

Trata de ubicar la parte del cuerpo en la que te resulte más fácil concentrarte y enfócate ahí. Continúa respirando de forma natural, sin forzar nada. Tu atención debe ser suave y gentil. No es necesario que vigiles tu respiración con excesiva intensidad, tan sólo posa tu atención con delicadeza en la sensación de respirar.

Mientras haces esto, date permiso de sentir y habitar todo tu cuerpo. Relájate en tu postura, suavizando cualquier tensión al mismo tiempo que inhalas y exhalas.

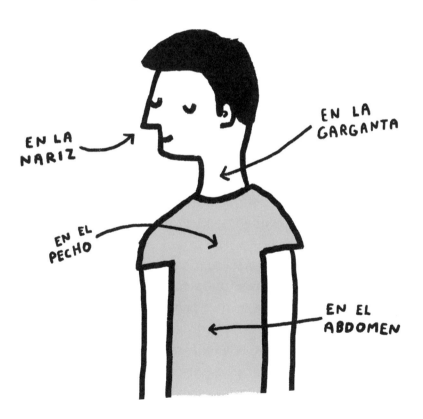

PUEDES SENTIR TU RESPIRACIÓN...

EN LA NARIZ

EN LA GARGANTA

EN EL PECHO

EN EL ABDOMEN

PASO 3: REGRESA A LA RESPIRACIÓN CADA VEZ QUE TE ENREDES CON TUS PENSAMIENTOS

Esto pasará:

Te sentarás, llevarás tu atención a la respiración y, al poco tiempo, llegarán pensamientos a tu mente con los cuales terminarás enredándote. Historias del pasado, planes para el futuro, problemas de trabajo, dudas existenciales, etcétera. Te pondrás a platicar con esos pensamientos y te olvidarás por completo de que estabas meditando. Tu atención se irá a otro lado. Esto es completamente normal, nos pasa a todos, incluso a quienes ya tenemos años meditando. No es un problema ni un error. Es parte de la práctica.

Cada vez que ocurra esto, haz lo siguiente:

Primero, date cuenta de que te has distraído. Esto por sí solo ya es muy poderoso y es un logro muy importante. ¡Qué maravilloso es poder reconocer cuando uno mismo está enredado en sus pensamientos! ¿Te das cuenta? Es como si desbloquearas un nuevo nivel de consciencia. Ha despertado en ti un observador de la mente.

Después de que te hayas dado cuenta de tu enredo mental, evita juzgarte o regañarte. Sé amable contigo. No hay pensamientos malos ni buenos, son sólo pensamientos. No critiques su contenido, ni tampoco lo analices. Simplemente suelta la conversación. Renuncia al diálogo en tu cabeza. Déjalo ir sin apegos.

Una vez que hayas soltado la conversación en tu cabeza, regresa gentilmente tu atención a la respiración y vuelve a comenzar con una actitud fresca y renovada.

Cada inhalación y cada exhalación es una oportunidad para volver al momento presente. Respira dándote cuenta de que estás respirando. Trata de mantenerte en tu respiración sin esforzarte demasiado.

Al poco tiempo, volverá a ocurrir lo mismo. Llegará una nueva ola de pensamientos que te arrastrará hasta que te olvides por completo de que tu atención debía estar en la respiración. De nuevo: esto no es un problema. Tan sólo vuelve a darte cuenta, vuelve a soltar y vuelve a regresar a la respiración amablemente y con paciencia.

Esto ocurrirá muchas, muchas, muchas, muchas, muchas veces y es quizá la parte más importante y transformadora de esta práctica. Cada vez que te das cuenta de que te has distraído, cada vez que sueltas y cada vez que regresas a la respiración, estás fortaleciendo tu capacidad de habitar el momento presente.

OBSERVAR, ACEPTAR Y SOLTAR

Sentarte a meditar es una oportunidad para relacionarte con la vida de una manera distinta: más ligera, más suave, más amigable, más libre. ¡Aprovéchala!

Cuando estés meditando, intenta **observar** toda la experiencia del momento presente con curiosidad y sin querer cambiarlo. Es como si estuvieras viendo una película de ti mismo. Déjate sorprender por cada instante tal como es. Date permiso de ser un investigador de tu mente, un estudiante de tus emociones y un explorador del aquí y el ahora.

Mientras observas, intenta **aceptar** todo lo que surja. No te pelees con nada, no juzgues nada, procura ser un espectador sin expectativas. Todo es bienvenido. Si notas que hay demasiados pensamientos, lo aceptas. Si hay ruidos molestos fuera de tu casa, lo aceptas. Si sientes inquietud, lo aceptas. Si te está costando aceptar, lo aceptas. Todo es más ligero cuando lo aceptas tal como es, sin resistencia.

Finalmente, descubre qué pasa si te das permiso de **soltar**. Suelta cualquier historia, interpretación, crítica, deseo o aferramiento. Cuando sueltas

CRONOGRAMA DE UNA MEDITACIÓN COMÚN

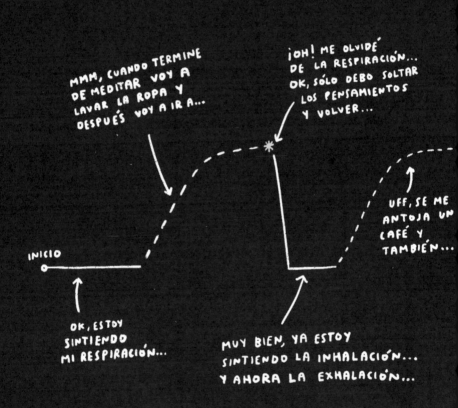

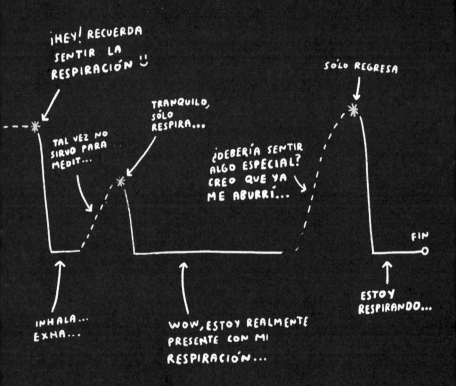

eres libre. Si notas una obsesión por relajarte, suelta y libérate. Si descubres que estás siendo demasiado exigente contigo mismo, suelta y libérate. Si percibes una tensión en tu cuerpo, suelta y libérate. Cuando sueltas, puedes flotar en el aquí y en el ahora con suavidad. ¡Dátelo!

Meditar es sencillo si te das la oportunidad de simplemente observar, aceptar y soltar.

MEDITAR ES...

OBSERVAR

ACEPTAR

SOLTAR

UN PEQUEÑO EXAMEN

Te reto a poner a prueba lo que has aprendido hasta el momento. A continuación, encontrarás un examen de opción múltiple. Elige tus respuestas y descubre si son correctas. Estoy seguro de que obtendrás una calificación perfecta.

1. **¿Cuál es el tipo de meditación del que estamos hablando en este libro?**
A. Meditación trascendental
B. Meditación para relajarse
C. Meditación *mindfulness* de atención a la respiración

2. **¿Qué es *mindfulness*?**
A. Vivir al máximo el aquí y el ahora, sin nada de qué preocuparse
B. La capacidad de prestar atención al momento presente sin enredarnos con nuestros pensamientos y sin reaccionar en automático
C. Un nivel elevado de consciencia

3. **¿Cuáles son los orígenes de la meditación *mindfulness*?**
A. Viene del budismo, pero cualquiera puede practicarla
B. Viene del budismo y sólo los budistas la pueden realizar
C. Es un método innovador inventado por Pedro Campos

4. **¿Cuáles son los tres pasos para meditar?**
A. Sentarse, llevar la atención a la respiración y regresar a ella cada vez que nos enredemos con nuestros pensamientos
B. Inhalar por la nariz, exhalar por la boca y contar hasta diez
C. Imaginar que estás en una isla, soltar tus problemas y esperar a que llegue la calma

5. **¿Cuál es la postura para empezar a meditar que recomiendo en este libro?**
A. Flor de loto
B. Recostado en un diván
C. Sentado en una silla o sofá con estabilidad y balance

6. **¿Cómo se lleva la atención a la respiración?**

A. Imaginando que una luz entra y sale por la nariz

B. Notando la sensación de inhalar y exhalar

C. Concentrándose fuertemente en la punta de la nariz

7. **¿Qué debes hacer cuando te enredes con tus pensamientos?**

A. Darme cuenta, soltar y regresar a la respiración

B. Analizar de dónde vienen esos pensamientos

C. Esforzarme en dejar de pensar

8. **¿Con qué actitud debes regresar a tu respiración?**

A. Con prisa, lo más rápido posible

B. Con amabilidad y paciencia

C. Con culpa por haberme equivocado

9. **¿Cuál es la clave para dejar la mente en blanco?**

A. ¡Eso no se puede!

B. Meditar cinco horas seguidas

C. Encontrar a un buen maestro

10. Cuando meditamos podemos...

A. Levitar

B. Encontrar una paz profunda e irreversible

C. Observar nuestros pensamientos sin enredarnos con ellos

11. ¿Cuál de las siguientes opciones NO es un beneficio de la meditación respaldado por la ciencia?

A. Disminuye la presión arterial

B. Aumenta el tamaño de las orejas

C. Previene el envejecimiento celular

12. Meditar es más sencillo si te das la oportunidad de...

A. Poner música y encender velas

B. Observar, aceptar y soltar

C. Hacerlo frente al mar

EJERCICIO 1: MI PRIMERA MEDITACIÓN

Ahora que ya sabes la teoría, ¿por qué no pasar a la práctica? Quiero invitarte a que te sientes contigo mismo y medites durante cinco minutos. Te recomiendo que lo hagas sin ningún tipo de expectativa, ¡mejor explora la experiencia con curiosidad!

Para realizar este ejercicio puedes escuchar la meditación guiada que preparé para ti y que puedes encontrar en *sientatecontigomismo.com* titulada **Mi primera meditación**. O si prefieres puedes realizar el ejercicio en silencio por tu propia cuenta siguiendo las instrucciones que encontrarás a continuación.

Si decides hacerlo con la meditación guiada, simplemente descarga el audio, dirígete a un lugar donde puedas estar en silencio, siéntate y empieza a escuchar la guía.

Si eliges practicar por tu propia cuenta, tan sólo sigue estos pasos:

1. Consigue un temporizador o usa el de tu celular.
2. Prográmalo para que te avise cuando hayan pasado cinco minutos.
3. Toma asiento como ya has aprendido.
4. Haz que empiecen a correr los minutos.
5. Lleva tu atención a la respiración.
6. Cuando notes que te has enredado con un pensamiento, suelta y regresa tu atención a la respiración.
7. Repite esto las veces que sea necesario.
8. Recuerda observar, aceptar y soltar.
9. Practica en silencio hasta que hayan acabado los cinco minutos.
10. Sé amable y paciente contigo mismo.

¡Vamos, tú puedes!

¿CÓMO TE FUE EN TU PRIMERA MEDITACIÓN?

Está bien si te la pasaste pensando todo el tiempo. Está bien si no pudiste quedarte con tu respiración más de un segundo. Está bien si experimentaste incomodidad, duda, impaciencia, somnolencia o cualquier tipo de emoción.

La meditación no tiene que ser perfecta, simplemente porque nada ni nadie es perfecto. ¡Eso es lo bonito de la práctica! Meditar es observar, aceptar y amar nuestra propia imperfección.

A continuación, quiero invitarte a que registres la experiencia de tu primera meditación. Puedes utilizar la hoja que encontrarás en la siguiente página. Trata de responder con honestidad y con mucha amabilidad hacia ti mismo.

Este registro será un recuerdo de tu primera meditación. Te recomiendo conservarlo para que posteriormente lo vuelvas a ver y reflexiones acerca de cómo has evolucionado con el paso del tiempo.

¡Felicidades por este primer gran paso!

MI PRIMERA MEDITACIÓN

¿QUÉ EXPERIMENTÉ?

¿CÓMO ME SENTÍ?

¿QUÉ APRENDÍ?

MEDITAR PUEDE SER INCÓMODO (Y ESTÁ BIEN)

El silencio y la quietud incomodan a cualquiera. No te sientas mal si meditar no te resulta tan placentero como esperabas.

- Es normal tener muchos pensamientos.
- Es normal sentir impaciencia o intranquilidad.
- Es normal sentir que el tiempo avanza más lento de lo normal.
- Es normal sentir urgencia de levantarse y salir corriendo.
- Es normal que la espalda moleste un poquito.
- Es normal pensar que lo estás haciendo mal.

Pero no todo es incomodidad.

- También es normal sentir calma.
- También es normal encontrar descanso.
- También es normal disfrutar de cierta ligereza.
- También es normal descubrir cosas interesantes.

Lo que quiero decir es que en la meditación *mindfulness* no estamos tratando de sentir algo en especial, sino que cualquier experiencia es bienvenida. Lo único que queremos es aprender a regresar continuamente al momento presente aceptándolo tal y como es. Sin juzgarlo, sin interpretarlo, sin aferrarnos a que sea diferente.

Ojo: El tipo de incomodidad al que me refiero es un nivel de incomodidad tolerable y dentro de los límites de lo que es manejable para ti. La meditación no debe lastimar de ninguna manera. Cuando experimentes algún tipo de incomodidad, observa si es algo que puedes tolerar sanamente. Si es así, sigue adelante. Pero si sientes que tu integridad física y emocional se están viendo afectadas, por favor no te fuerces a continuar. La meditación no está diseñada para hacer sufrir a nadie.

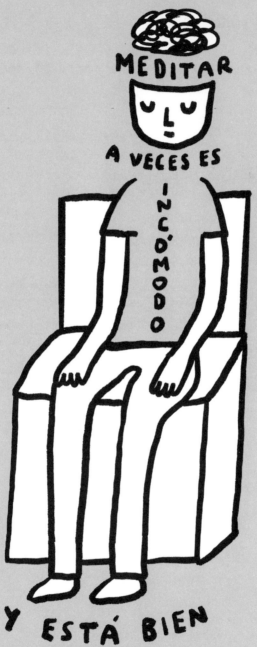

QUIETO,
PERO NO ESTÁTICO

La práctica de la meditación nos invita a tener el cuerpo quieto y estable, pues eso ayuda a aquietar y estabilizar la mente. Sin embargo, eso no significa que debas permanecer estático como una estatua. ¡Es meditación, no tortura!

Puedes hacer ajustes en tu postura si lo necesitas. Puedes estirarte, puedes acomodarte, puedes sobarte, puedes rascarte. Puedes hacer lo que requieras, siempre y cuando lo hagas de forma lenta y consciente.

¡Eso sí! Si notas que te estás moviendo con demasiada frecuencia, es probable que se deba a una intranquilidad mental. Un cuerpo inquieto es el resultado de una mente inquieta. Si éste es tu caso, intenta observar la inquietud en tu mente y en tu cuerpo sin reaccionar ante ella. Simplemente date cuenta de que está ahí, dale bienvenida y déjala estar. Evita moverte y regresa a tu respiración.

Si calmas tu mente, calmas tu cuerpo.

Si calmas tu cuerpo, calmas tu mente.

Respira, suelta y relaja.

EL MUNDO DEL PENSAR Y EL MUNDO DEL SENTIR

Imagina que en tu ser existen dos mundos: el del pensar y el del sentir. En el mundo del pensar habitan las ideas, los conceptos, los discursos, las historias, las explicaciones, las creencias y el razonamiento. En el mundo del sentir habitan los sentidos y las sensaciones que se pueden percibir a través de ellos.

Los seres humanos necesitamos de ambos mundos para vivir. En el mundo del pensar tomamos decisiones y encontramos soluciones a nuestros problemas. En el mundo del sentir nos percatamos del frío, del calor, del dolor, del placer, de las luces, de las sombras, de lo dulce, de lo salado, etcétera.

La mayoría de las personas pasamos demasiado tiempo en el mundo del pensar y casi no visitamos el mundo del sentir. Vivir así es cansadísimo, además de que es una manera muy limitada de experimentar la existencia, ¿no lo crees?

Por suerte, existe una práctica que nos enseña a salir del mundo del pensar para visitar, habitar y familiarizarnos con el mundo del sentir. Esa práctica (obviamente) es la meditación.

Cuando te pongas a meditar, dedícate a habitar el mundo del sentir.

- Habita y siente tu respiración.
- Habita y siente tu cuerpo.
- Habita y siente la mera experiencia de existir.

Recuerda que en el mundo del sentir no hay interpretaciones ni explicaciones de nada. Ahí simplemente se palpan y se saborean las sensaciones tal como son. Se dice que el Buda dio instrucciones para meditar a sus alumnos diciéndoles que sintieran *el cuerpo en el cuerpo*. Haz la prueba tú mismo: ¿cómo sería sentir el cuerpo *en* el cuerpo?

Te darás cuenta de que mientras intentas hacer esto, el mundo del pensar te absorberá y te jalará hacia su territorio. No te critiques si esto ocurre, es completamente normal. Lo único que tienes que hacer es darte cuenta, soltar y regresar al mundo del sentir.

MEDITAR ES PASAR DEL MUNDO DEL PENSAR

AL MUNDO DEL SENTIR

LA RESPIRACIÓN ES COMO UN ANCLA

Los barcos utilizan anclas para fijar su posición en la tierra y evitar que la fuerza del mar los arrastre a la deriva. De la misma manera, la respiración nos ayuda a mantenernos en el momento presente, sin importar qué tan arrasadores sean nuestros pensamientos.

La mente es como el mar: a veces tranquilo, a veces agitado, a veces en tormenta. Nuestra cabeza puede sacudirnos y llevarnos a lugares inesperados. Pero si practicamos el arte de respirar prestando atención a la inhalación y a la exhalación, siempre tendremos a nuestra disposición un ancla que nos ayudará a mantenernos a flote sin dejarnos arrastrar por las olas de nuestros pensamientos.

Cuando medites, utiliza tu respiración para anclarte en el aquí y en el ahora. Si inhalas y exhalas con absoluta presencia, podrás encontrar estabilidad, claridad y confianza.

Y lo mismo puedes hacer en tu día a día. Cuando sientas que la marea de la vida te está haciendo tambalear, respira, respira y vuelve a respirar.

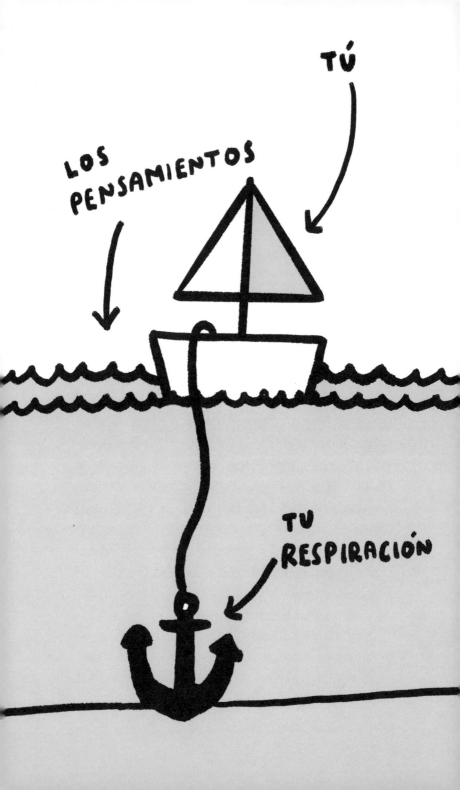

¿POR QUÉ LA RESPIRACIÓN?

Meditamos llevando nuestra atención a la respiración por múltiples razones:

1. **La respiración siempre ocurre en el momento presente.** No podemos respirar en el pasado ni en el futuro. Sentir la respiración nos dirige al aquí y al ahora.
2. **La respiración es neutral.** La sensación de respirar es sutil, pero sin llegar a ser imperceptible. Necesitas prestar suficiente atención para poder sentirla, pero una vez que estás con ella, ésta no te abruma ni te consume. Este balance es perfecto para la práctica.
3. **La respiración nos estabiliza.** Prestar atención a la respiración tiene un efecto calmante. Compruébalo ahora mismo: tómate un momento para inhalar y exhalar con absoluta presencia... ¿pudiste sentir un poco de alivio?
4. **La respiración ocurre por sí sola.** No necesitas esforzarte en respirar. Ni siquiera necesitas pensar en respirar. La respiración simplemente sucede. Esto es lo que nos permite sentarnos y simplemente observar. ¿No te parece mágico?

5. **La respiración nos acompaña a todos lados.** A donde sea que vayas, la respiración irá contigo. Eso quiere decir que puedes meditar a cualquier hora y en cualquier lugar.

EJERCICIO 2: CONFIANDO EN MI RESPIRACIÓN

Quiero invitarte a meditar utilizando tu respiración como un ancla en la que puedes confiar. No importa cuántos pensamientos haya en tu cabeza ni cuántas distracciones surjan en tu entorno, siempre puedes refugiarte (aunque sea por un instante) en el vaivén de tu respiración.

Vamos a hacer un ejercicio de cinco minutos.

Hazlo sin prisa, sin exigencias y con mucha paciencia. Ten en cuenta que cada inhalación es una nueva oportunidad para conectar con el momento presente y cada exhalación es una oportunidad para soltar.

Puedes practicar con la meditación guiada titulada **Confiando en mi respiración** disponible en *sientatecontigomismo.com*, o si prefieres puedes practicar por tu propia cuenta siguiendo estos pasos:

1. Consigue un temporizador o usa el de tu celular.
2. Prográmalo para que te avise cuando hayan pasado cinco minutos.
3. Toma asiento como ya has aprendido.

4. Haz que empiecen a correr los cinco minutos.
5. Descansa tu atención en la sensación de inhalar y exhalar sin modificar el ritmo natural de tu respiración.
6. Siente la frescura de cada inhalación.
7. Permítete soltar en cada exhalación.
8. Cada vez que notes que te has distraído con tus pensamientos, simplemente regresa a la respiración. Confía en tu ancla.
9. Practica en silencio hasta que hayan acabado los cinco minutos.

RESPIRAR
ES VOLVER
A CASA

LOS TRENES DEL PENSAMIENTO

—

Meditar es como estar en una estación de trenes: el andén es el momento presente y los trenes son los pensamientos.

La práctica consiste en:

1. Tratar de permanecer quieto en el andén.
2. Darte cuenta de cuando te hayas subido a un tren.
3. Bajarte del tren y volver al andén.

Si tu atención está en la respiración y ves los pensamientos pasar, quiere decir que estás en el andén, siendo testigo de los trenes que llegan y se van.

Sin embargo, en algún momento, terminarás abordando un tren sin darte cuenta. Este tren te llevará al futuro o al pasado, recorriendo paisajes llenos de planes y recuerdos. Cuando menos lo imagines, estarás muy lejos del andén que es el momento presente.

Pero esto no es un problema. Lo único que tienes que hacer es reconocer que estás a bordo de un tren, bajarte con calma y regresar a la quietud del andén.

Por momentos notarás que hay muchísimos trenes pasando a gran velocidad, por momentos descubrirás que el tránsito de trenes disminuye. A veces te subirás a todos los vagones que aparezcan frente a ti, a veces a ninguno. A veces pasarás varios minutos viajando en tren, otras te quedarás disfrutando la tranquilidad del andén. Todo se vale, todo es bienvenido. Basta con que aprendas a bajarte de los trenes del pensamiento siempre que lo necesites. Basta con que aprendas a respirar y a poner los pies en el momento presente.

EL PUÑO EN LA CABEZA

¿Cómo se sueltan los pensamientos?

Imagina que en tu cabeza hay una mano. Esta mano tiene una tendencia a sujetar con fuerza ciertas ideas, historias, suposiciones o narrativas. Por lo regular, son acerca de las cosas que más te obsesionan: tu pareja, tu ex, tu trabajo, tus finanzas, tu salud, o lo que sea. La mano en tu cabeza se resiste a dejar ir estos pensamientos. Los agarra con el puño porque quiere encontrar en ellos una explicación, una respuesta, una solución. Esto cansa y hasta duele.

¿Pero qué pasaría si te das permiso de aflojar el puño y dejar ir? ¿Qué ocurriría si dejas la mano abierta, permitiendo que los pensamientos vengan y vayan sin darles demasiada importancia? ¿Cómo te sentirías si relajas tu obsesión por resolver las cosas que te obsesionan?

Cuando notes que te estás aferrando a un pensamiento, ya sea durante la meditación o en la vida diaria, simplemente afloja el puño en tu cabeza y deja que el pensamiento se vaya volando. Disfruta la sensación de ligereza mental que se experimenta al hacer esto. Si descubres que el puño vuelve a agarrar un pensamiento, repite lo mismo: **afloja, abre y suelta**. Verás que, si haces esto una y otra vez, poco a poco empezarás a aferrarte menos. Aprenderás a soltar y serás libre.

GRACIAS, MENTE, PERO ESTO NO ES URGENTE

Cuando me siento conmigo mismo puedo observar que muchos de los pensamientos que llegan a mi mente son preocupaciones acerca de cosas por hacer. Es como si en mi cerebro hubiera una lista de pendientes a la cual se le van sumando tareas minuto tras minuto. Desde responder mensajes, hasta planear las próximas vacaciones. Poco a poco, la lista se va haciendo enorme.

Si estoy lo suficientemente atento, puedo notar que mi cuerpo empieza a ponerse tenso, como si quisiera salir corriendo a hacer todas esas cosas lo más pronto posible. Percibo un fuerte impulso de ponerme de pie y no perder ni un segundo más de mi tiempo. Pero respiro y permanezco quieto. Observo con cautela y descubro que en realidad nada es tan urgente, a pesar de que mi mente quiere convencerme de lo contrario. La tensión en mi cuerpo continúa, pero se desvanece poco a poco.

Entonces suelto y me relajo diciendo: *Gracias, querida mente, pero nada de esto es tan urgente.*

Te invito a intentarlo. Si tú al igual que yo eres de esas personas que siempre están pensando en lo que falta por hacer, siéntate a observar las supuestas urgencias de tu mente y descubre qué pasa si sólo las ves y las dejas pasar sin reaccionar en automático. Siempre que llegue una urgencia, respira y di:

Gracias, mente, pero esto no es urgente.

NO TE AFERRES A DEJAR DE PENSAR

La meditación *mindfulness* no consiste en eliminar los pensamientos, sino en observarlos con amabilidad sin enredarse con ellos. Pedirle a la mente que deje de pensar es como pedirle al sol que deje de brillar o al corazón que deje de latir. La mente prolifera ideas, recuerdos, planes y narrativas; a eso se dedica y está bien.

Si te aferras a dejar de pensar, lo único que obtendrás será frustración. Mejor aprende a observar el flujo natural de los pensamientos sin involucrarte con su contenido. Meditar es como observar un río sin meterse en él. Aunque, ciertamente, uno termina metiéndose a nadar múltiples veces sin darse cuenta. Dicho esto, podríamos afirmar que la meditación consiste en salir del río una y otra vez. Sentarte contigo mismo es entrenarte en el arte de salir de la corriente de los pensamientos.

Cuando medites, no te enfoques en apagar la mente. Tampoco te abrumes si te enredas con su discurso. Simplemente dedícate a reconocer cada vez que te hayas puesto a platicar con un pensamiento y regresa a tu respiración sin ningún tipo de reprimenda. Es ahí donde se fortalece el músculo de la atención.

Conforme vayas avanzando en tu práctica, notarás que por momentos la mente se aquieta y baja el volumen de sus palabras. Podrás escucharla, pero quedito, como murmurando sola, hablando con ella misma. Y tal vez, sólo tal vez, en esos instantes podrás experimentar una paz profunda y una claridad atronadora.

En la vida cotidiana, ocurrirá lo mismo. Inevitablemente, tu mente generará pensamientos de preocupación, enojo, celos, angustia y vergüenza. Cada situación que enfrentes en tu día a día dará pie a cientos de pensamientos que no podrás controlar. Más allá de querer evitarlo o pelearte con ellos, lo que puedes hacer es observarlos sin hacerles demasiado caso. Puedes regresar tu atención a cualquier cosa que te ancle al momento presente. Claro, a menos que necesites pensar, por ejemplo, para tomar una decisión o encontrar una solución creativa.

Sentarte contigo mismo te ayudará a salir del río de los pensamientos no sólo mientras meditas, sino en todos los escenarios de tu vida para regresar siempre al aquí y al ahora.

EJERCICIO 3: SOLTANDO PENSAMIENTOS

¿Cómo sería meditar sin esforzarse en dejar de pensar? ¿Es posible sentarse y dejar que los pensamientos lleguen y se vayan sin intentar frenarlos? ¿Qué pasa con los pensamientos cuando no nos aferramos a ellos?

¡Vamos a descubrirlo!

Realiza la meditación guiada llamada **Soltando pensamientos** disponible en *sientatecontigomismo.com*, o si prefieres medita por tu propia cuenta con estas indicaciones:

1. Consigue un temporizador o usa el de tu celular y prográmalo para que te avise cuando hayan pasado cinco minutos.
2. Toma asiento como ya has aprendido y haz que empiecen a correr los cinco minutos.
3. Lleva tu atención a la respiración, siente también la presencia de tu cuerpo.
4. Observa los pensamientos que van surgiendo en tu mente, sin hacerles demasiado caso.

5. Si notas que te has involucrado con un pensamiento y te has olvidado de tu respiración, sencillamente suelta, no pasa nada.

6. Quédate así, dejando que los pensamientos fluyan libremente mientras tu atención está anclada a tu respiración.

7. Practica en silencio hasta que hayan acabado los cinco minutos.

QUÉ HACER CON LAS EMOCIONES

Es posible que, al meditar, además de pensamientos, surjan emociones. Ya sea emociones incómodas como angustia, tristeza o enojo; o bien, emociones placenteras como alegría, amor o tranquilidad.

Algunas emociones son leves y pasajeras, pero otras son un poco más intensas y de mayor duración. Cuando una emoción de este tipo se presente durante tu práctica, puedes hacer lo siguiente:

1. Dale la bienvenida a la emoción. No intentes evadirla ni manipularla ni reprimirla. Dale permiso de estar ahí.

2. Observa cómo se siente la emoción en el cuerpo. Explora cómo se manifiesta físicamente. ¿Se siente como un nudo en la garganta? ¿Como un vacío en el estómago? ¿Como un calor en el pecho? ¿Como un peso en la espalda? Investígalo manteniendo una actitud de curiosidad y de amabilidad contigo mismo.

3. Evita enredarte con historias o interpretaciones mentales acerca de la emoción, tan sólo obsérvala sensorialmente. Sin juzgarla y sin juzgarte.

4. Una vez que te hayas familiarizado con la sensación de la emoción, simplemente déjala estar sin pelearte con ella. Permite que la emoción pase a un segundo plano y regresa a tu respiración.

5. Continúa meditando con atención a la respiración como ya has aprendido. Deja que la emoción dure lo que tenga que durar. Lo más probable es que se desvanezca después de un tiempo.

6. Si la emoción vuelve a intensificarse, no te preocupes. Simplemente obsérvala nuevamente con amabilidad, siéntela, déjala estar y respira.

7. Repite este proceso las veces que sean necesarias. Siempre con mucha gentileza.

QUÉ HACER CON EL DOLOR FÍSICO

¿Tienes un dolor que no te permite concentrarte? ¿Te duele la espalda cuando te sientas a meditar? Aquí te daré algunas ideas para trabajar con el dolor físico durante tu práctica.

Hablemos primero de qué hacer cuando el dolor no es causado por la postura, sino que es debido a causas ajenas a la meditación. Por ejemplo, si tienes dolor de cabeza, si te duele una muela o si te duele el pie debido a una torcedura.

Cabe aclarar que, además de los consejos que te voy a compartir, es importante que atiendas cualquier problema físico con los remedios médicos necesarios. Pero asumiendo que esto ya lo estás haciendo, te invito a poner en práctica las siguientes recomendaciones:

1. Siéntate y lleva tu atención a la respiración como has aprendido.
2. Cuando aparezca el dolor, no intentes reprimirlo ni evadirlo. Tampoco lo veas como un enemigo. Mejor acéptalo con amabilidad y dale la bienvenida.

3. Sin dejar de respirar conscientemente, lleva tu atención al dolor por un momento. Trata de percibir la sensación física sin añadirle ningún tipo de historia o interpretación. Investiga: ¿Cómo es la sensación? ¿En qué parte del cuerpo se ubica exactamente? ¿Es cálida o fría? ¿Se siente como piquitos en la piel o como presión en el músculo? Estas preguntas son sólo ejemplos, haz tu propia exploración con curiosidad y apertura.

4. Sigue prestando atención al dolor por unos momentos. ¿Cómo es el dolor si no le añades ningún tipo de narrativa mental? Observa.

5. Una vez que te hayas familiarizado con él, déjalo estar y regresa tu atención a la respiración.

6. Si sientes que el dolor vuelve a distraerte, repite el mismo proceso. Recuerda que la práctica consiste en prestar atención al momento presente tal como es. Quizás el dolor haga que el momento presente no sea agradable, pero es lo que hay. Evita juzgarte. Sé paciente y amable contigo.

Ahora discutamos qué puedes hacer si el dolor es ocasionado por la postura de meditación. El dolor más común suele ser en la espalda.

Este tipo de molestia se debe principalmente a tres posibles razones:

a) No te estás sentando correctamente.

b) Tienes una condición en tu espalda.

c) No estás acostumbrado a sentarte en quietud con la espalda erguida.

Si crees que la causa de tu dolor es la primera, lo que necesitas hacer es ajustar tu postura. Éstos son algunos puntos que puedes revisar:

1. Asegúrate de que tu trasero esté bien apoyado sobre la silla, que la pelvis esté relajada y que las plantas de tus pies estén pisando completamente el suelo. Debes sentirte firme y estable.

2. Procura que tus caderas estén un poco más arriba del nivel de tus rodillas. Si lo requieres, puedes colocar un cojín debajo de tu trasero para levantar un poco tus caderas.

3. Procura que tu espalda esté suavemente erguida, sin llegar a estar tensa. Evita jorobarte, pero sin hacer demasiado esfuerzo. Deja que la base de tu cuerpo sea tu soporte natural. La postura debe sentirse cómoda y amigable.

4. Relaja los hombros, deja que caigan por su propio peso.

5. Asegúrate de que tu nuca esté alineada con tu columna. Intenta meter levemente tu mentón, pero sin agachar la cabeza. Tu rostro debe mirar hacia adelante.

6. Relaja la mandíbula, el ceño y las mejillas. No aprietes los dientes. Si meditas con los ojos cerrados, no los aprietes demasiado.

7. Mantén una postura estable y gentil a la vez. Mientras estás meditando puedes ajustar tu cuerpo siempre que lo consideres necesario.

Si crees que la causa de tu dolor es la segunda; es decir, si tienes alguna condición física que te imposibilita sentarte con la espalda erguida y sin ningún tipo de soporte, entonces puedes probar las siguientes opciones:

1. Intenta meditar sentado utilizando todo el soporte que necesites para mantener tu espalda erguida y cómoda a la vez. Puedes usar una silla con respaldo y agregar cojines, cobijas o lo que necesites. Date permiso de incorporar cualquier tipo de apoyo que haga tu práctica más agradable y menos dolorosa.

2. Si meditar sentado te resulta imposible, intenta practicar acostado boca arriba sobre un tapete. Coloca tus brazos cómodamente a tus costados, relaja tus manos sobre el suelo y abre un poco tus piernas en forma de "A". Si esta postura te provoca una molestia en la espalda baja, puedes doblar tus rodillas hacia arriba o colocar una almohada debajo de la zona que lo requiera. Si meditar así te causa somnolencia, intenta hacerlo con los ojos abiertos.

Finalmente, si has llegado a la conclusión de que la molestia física que te incomoda durante tu meditación se debe simplemente al hecho de que no estás acostumbrado a permanecer con la espalda erguida, lo único que necesitas hacer es seguir practicando con amabilidad y paciencia. Lo más probable es que con el tiempo te vayas acostumbrando. Recuerda: cuando aparezca la incomodidad, intenta observarla sin juicio y dale la bienvenida.

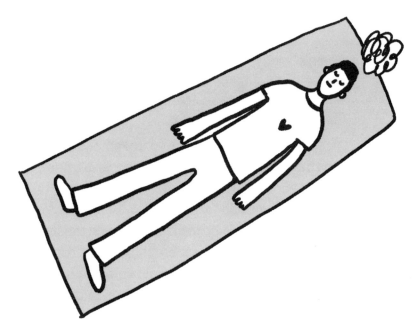

SI NO PUEDES MEDITAR SENTADO, PUEDES HACERLO ACOSTADO

QUÉ HACER SI TE DA SUEÑO

Sentarse a respirar con los ojos cerrados puede detonar somnolencia en algunas personas. Si éste es tu caso, es decir, si al momento de meditar empiezas a sentir sueño y esto resulta un obstáculo para tu práctica, puedes intentar una o varias de las siguientes opciones:

Medita a una hora distinta. Tal vez estás tratando de meditar en un momento del día en el que tu mente y tu cuerpo no están en las mejores condiciones para hacerlo. Intenta cambiar el horario de tu práctica a un momento del día en el que te sientas fresco y con energía. Si estás tratando de meditar en la noche, prueba meditar en la mañana, o viceversa.

Medita con los ojos abiertos. Abrir los ojos puede ayudarte a mantenerte despierto y alerta. Quizá te resulte un poquito más retador concentrarte, pero al menos no te dará tanto sueño. Si eliges esta opción, dirige suavemente la mirada al suelo sin ver nada en particular y recuerda llevar tu atención a la respiración.

Presta atención especialmente a la inhalación. Lleva tu atención a la sensación fresca de inhalar.

Imagina que al recibir el oxígeno en tu cuerpo te llenas de energía y vitalidad.

Sacúdete un poco. Quizá lo único que necesitas es reactivarte. Haz todas esas cosas que hacemos para despertarnos: mójate la cara, date unas palmaditas en las mejillas, mueve el cuerpo, sacude los brazos y toma un par de respiraciones profundas. Explora si esto ayuda, quizás es así de sencillo.

Observa la sensación de tener sueño. *Mindfulness* es prestar atención al momento presente tal como es, ¿cierto? Entonces puedes tratar de meditar dándole la bienvenida a la somnolencia. En lugar de rechazarla, obsérvala con curiosidad y sin juicios. ¿Cómo se siente la somnolencia? ¿Cómo es la experiencia de tener sueño en el momento presente? Investígalo mientras mantienes tu atención en la respiración y quizás encuentres algo interesante.

¡Descansa! Tal vez lo único que necesitas es descansar bien. Asegúrate de que tus horas de sueño sean suficientes y de calidad. De no ser así, haz los ajustes necesarios para corregir esto, porque todos sabemos que un descanso de calidad es esencial para una vida saludable.

SÉ AMABLE CONTIGO MISMO

Todos tenemos un crítico interno experto en resaltar nuestros defectos y en atormentarnos con ideas acerca de todo lo que estamos haciendo mal. ¿Alguna vez has escuchado esa voz dentro de ti que juzga incansablemente? ¡Pues ése es tu crítico interno! Sus intenciones son buenas, pues intenta protegerte del peligro y te inspira a mejorar como ser humano. Pero si le haces demasiado caso y te tomas en serio todas sus críticas, terminarás por ser muy duro contigo mismo y te sentirás eternamente insatisfecho. Cuando el crítico interno está al mando de tu vida, nunca nada es suficiente.

Cada vez que te pongas a meditar podrás escuchar la voz de tu crítico interno a todo volumen. Te dirá que lo estás haciendo mal, que es una pérdida de tiempo, que tu mente es indomable y que no sirves para esto. Te hará dudar de ti mismo, de tus intenciones y de tus capacidades. Te incitará a levantarte de tu asiento y a dejar de meditar.

Cuando esto ocurra, lo mejor que puedes hacer es ser amable. Primero contigo mismo y luego con tu crítico interno.

Ser amable contigo mismo significa aceptarte tal como eres y regalarte un trato cálido momento a momento. No te exijas demasiado, no te regañes, sé paciente. No intentes cambiar nada de ti, no intentes hacerlo perfecto. Si tu mente se distrae, sé amable. Si sientes incomodidad, sé amable. Si la postura te resulta retadora, sé amable. Trátate tal y como tratarías al cachorro más tierno del mundo. Evita juzgarte y sonríe gentilmente.

Ser amable con tu crítico interno significa no reprimirlo ni castigarlo ni avergonzarte de él. Déjalo que hable, pero no hagas mucho caso a sus palabras, no te enredes en sus cuentos. Invítalo a meditar contigo, deja que se canse de hablar y abrázalo suavemente. Demuéstrale que no hay nada que lograr y que es posible quedarse quieto sin exigirse demasiado. Enséñale a estar en paz. Conviértete en su sabio maestro.

Sentarte contigo mismo es aprender a ser amable con tu cuerpo, con tu mente, con tus emociones y con la experiencia del momento presente.

Algunas personas batallan para meditar porque creen que el objetivo es convertirse en alguien distinto, pero ésa es una idea equivocada. Por mucho tiempo, yo pensé que meditaba para ser mejor persona, hasta que entendí que en realidad estaba meditando para amarme tal como soy.

Debes entender que esto es un proceso. Cuando empieces a meditar, la voz de tu crítico interno será insistente y repetitiva, pero verás que poco a poco sus discursos perderán fuerza. Llévatelo con calma. La amabilidad toma tiempo.

Lo más bonito de esto es que ser gentil no sólo te ayudará a tener una práctica de meditación más fluida y estable, sino que te inspirará a ser más amable contigo en todos los aspectos de tu vida: en tu trabajo, en tus relaciones y en todos tus proyectos personales. Si eres constante, descubrirás que tu crítico interno se quitará de la torre de control y empezarás a ser amable no sólo contigo mismo, sino también con quienes te rodean.

MEDITAR ES HACER AMISTAD CON TU PROPIA MENTE

MEDITAR
ES CONTEMPLAR
Y AMAR NUESTRA
IMPERFECCIÓN

MEDITAR
ES HACER
AMISTAD
CON LA
INCOMODIDAD

MEDITAR
ES DARLE
LA BIENVENIDA
AL MOMENTO
TAL COMO ES

EJERCICIO 4: MEDITANDO CON AMABILIDAD

Ahora quiero invitarte a meditar **con toda la amabilidad del mundo**. Intenta ser muy amable contigo mismo, con tus emociones, con tu cuerpo, con tus pensamientos y con todo lo que se vaya presentando momento a momento. Procura mantener una actitud de mucha gentileza a lo largo de toda la práctica.

Para realizar este ejercicio puedes escuchar la meditación guiada titulada **Meditando con amabilidad** que encontrarás en *sientatecontigomismo.com*, o si gustas, puedes hacerlo por tu propia cuenta siguiendo estas indicaciones:

1. Consigue un temporizador o usa el de tu celular y prográmalo para que te avise cuando hayan pasado cinco minutos.
2. Toma asiento como ya has aprendido y haz que empiecen a correr los cinco minutos.
3. Lleva tu atención a la respiración con mucha amabilidad.
4. Cuando te enredes con un pensamiento, date cuenta y regresa a tu respiración con una sonrisa suave y gentil.

5. Continúa meditando de esta manera. Sé cariñoso contigo y con cualquier cosa que surja durante la práctica. No te juzgues ni te critiques.
6. Disfruta tu práctica hasta que hayan acabado los cinco minutos.

LA MEDITACIÓN ES UNA PRÁCTICA DE LA ESPERA. PERO ¿QUÉ SE ESPERA REALMENTE? NADA Y TODO. SI SE ESPERARA ALGO CONCRETO, ESA ESPERA NO TENDRÍA VALOR, PUES ESTARÍA ALENTADA POR EL DESEO DE ALGO DE LO QUE SE CARECE.

PABLO D'ORS

NO BUSQUES NADA

Si te sientas a meditar buscando que algo especial ocurra, lo más probable es que termines con una gran desilusión. El dicho popular "El que busca encuentra" no aplica en la meditación *mindfulness*, ¡al contrario! Aquí el que más busca menos encuentra.

Lo mejor que puedes hacer es abrirte al momento presente tal como es, sin esperar nada a cambio. No busques paz, no busques calma, no busques respuestas, no busques sensaciones extraordinarias. Querer algo que no está en el aquí y en el ahora es una forma sutil de rechazar la vida.

Sé que este consejo puede ser desesperanzador, pues me imagino que si quieres meditar es porque estás buscando algo: una experiencia, un beneficio, una nueva forma de ver la vida. Lo entiendo perfectamente, porque yo también busco eso. Pero he aprendido que todo eso (y más) llega por sí solo cuando dejas de buscarlo.

Siéntate, respira y practica el arte de no buscar nada. Quédate en silencio y en quietud dándole la bienvenida a cada instante con curiosidad y apertura.

Cada vez que te sorprendas persiguiendo algo: más calma, más relajación, más enfoque, simplemente date cuenta, suelta tu búsqueda y ábrete al momento presente tal como es.

ATRÉVETE A TOLERAR LA INCOMODIDAD MENTAL

Sentarte contigo mismo en silencio y en quietud puede llegar a sacarte de tu zona de confort. Es probable que por momentos experimentes estados mentales incómodos como impaciencia, aburrimiento o frustración.

Normalmente, en la vida cotidiana, tenemos una tendencia casi automática a escapar de estos estados incómodos. Si sentimos impaciencia en la fila del supermercado, inmediatamente vamos en busca de una fila más corta. Si una película nos aburre, instantáneamente la quitamos para poner otra. Si aprender algo nuevo nos causa frustración, rápidamente abandonamos nuestro objetivo. Nuestra poca tolerancia a la frustración muchas veces nos priva de tener una vida con mayor enfoque y más tranquilidad.

La buena noticia es que la meditación es un gran gimnasio para entrenar nuestra tolerancia.

Cuando yo recién empecé a meditar, me sentía bastante incómodo ante el hecho de estar sentado en silencio sin hacer nada más que tratar de concentrarme en mi respiración. Sentía mucha desesperación. Mi cuerpo estaba inquieto, como si hubiera un pequeño Pedro dentro de mí tratando de escapar. Quería levantarme, abandonarlo todo y ponerme a hacer lo que fuera, menos meditar. Pero aprendí a reconocer, entender y aceptar esta sensación hasta que, poco a poco, fue disminuyendo y se volvió más fácil para mí practicar por periodos de mayor longitud.

Si al estar meditando experimentas algún tipo de incomodidad sutil (*ver aclaración al final de este consejo), mi recomendación es que intentes observar la sensación sin juzgarla y sin reaccionar en automático. Empieza por reconocer y nombrar la incomodidad. Puedes decir algo así como: *¡ajá! hay impaciencia en mí en este momento*, por ejemplo. Luego descubre qué pasa si exploras la sensación corporal de dicha incomodidad. *¿Cómo se siente la impaciencia en el cuerpo? ¿En qué parte se siente? ¿Con cuánta intensidad?* Al hacer esto evita juzgar la experiencia. No lo veas como algo bueno o malo, no te culpes por sentirte así, simplemente percibe las sensaciones sin agregarles ningún significado. Pon en práctica tu curiosidad. Por último, date cuenta de cómo la sensación no es estática. Nota cómo cambia momento a momento y descubrirás que eventualmente la incomodidad desaparecerá o se transformará en algo distinto. Hazlo con paciencia, poco a poco y sin forzarte.

Este simple acto de observación y tolerancia te ayudará a ser menos reactivo en tu vida cotidiana. Hacerte amigo de la incomodidad te servirá para desenvolverte con calma en situaciones como estar atorado en el tráfico, esperar tu turno en un consultorio médico, resolver un problema laboral o abordar una conversación desagradable. Al llevar tu atención a la incomodidad con curiosidad y sin reaccionar en automático, podrás conectar con el momento presente y actuar de una forma más consciente.

No dejes que la incomodidad se interponga entre tú y tu intención de aprender a meditar, ¡mejor úsala a tu favor para cultivar la virtud de la tolerancia!

*Este consejo aplica solamente para incomodidades sutiles como las mencionadas anteriormente. Si al meditar experimentas ataques de pánico, mareos, hiperventilación, disociación o emociones muy fuertes, no es buena idea que te fuerces a tolerar eso. Mejor consulta a un instructor de *mindfulness* sensible al trauma o a un profesional de la salud mental.

SIGUE EL CAMINO MEDIO

El camino medio es el arte de evitar los extremos y fluir en un sabio balance. Tanto en la vida como en la meditación, el camino medio conduce a un estado de paz y armonía.

Se dice que un día, un estudiante de Buda estaba batallando muchísimo para meditar. Este estudiante era músico y tocaba la guitarra, así que Buda aprovechó ese detalle para enseñarle una bella lección.

¿Qué pasa si tensas demasiado las cuerdas de tu guitarra?, preguntó Buda.

Si las aprieto demasiado, las cuerdas se romperán, dijo el músico.

¿Y qué ocurre si las cuerdas están extremadamente flojas?, agregó el maestro.

En ese caso, las cuerdas no producirán ningún sonido, contestó el estudiante.

Finalmente, Buda preguntó: *¿Y qué sucede si las cuerdas no están ni muy tensas ni muy flojas?*

A lo que el músico respondió: *En ese caso, la guitarra sonará muy bien.*

¡Pues así es como debes practicar tu meditación!, dijo Buda, *ni muy tenso ni muy flojo.*

Si al momento de meditar te esfuerzas demasiado por concentrarte o por alcanzar un objetivo, lo más probable es que experimentes frustración y desgaste.

Y, por el contrario, si pierdes interés, motivación y propósito, terminarás cayendo en un estado de apatía que te alejará del momento presente.

Pero si sigues el camino medio podrás disfrutar de una meditación equilibrada, armoniosa y muy beneficiosa. Esfuérzate, pero no demasiado. Relájate, pero no en exceso.

Cada vez que te sientes a meditar, presta atención a cómo te sientes. Tu sentir es una gran brújula para detectar si te estás yendo a los extremos.

Si notas sensaciones de tensión y rigidez, quiere decir que te estás exigiendo demasiado. Si éste es tu caso: ¡suelta, sonríe y disfruta! Si notas sensaciones de flojera y languidez, es señal de que has olvidado tu intención; de ser así ¡respira profundo, ajusta tu postura y vuelve a comenzar con toda la actitud!

Lo más bello de esto es que practicar el camino medio en la meditación es una manera de entrenarte en el arte de vivir en equilibrio. Sentarte contigo mismo fortalecerá tu capacidad de discernir entre los extremos. De esta forma podrás navegar sabiamente entre el temor y el descuido, entre la autoflagelación y la autoindulgencia, entre la terquedad y la desmotivación.

NADA ES PERMANENTE

Sentarte a meditar es una gran manera de comprobar que nada en esta vida dura para siempre. Cada cosa, sea grande o pequeña, está cambiando a cada instante.

No tiene sentido aferrarse a nada, porque nada prevalece.

La inhalación empieza y acaba.
Las sensaciones nacen y mueren.
Los pensamientos llegan y se van.
Las emociones surgen y cesan.
Los sonidos emergen y desaparecen.
La concentración se fortalece y se debilita.
La inquietud se intensifica y se suaviza.
La claridad aparece y se desvanece.

Cuando medites, recuerda que nada permanece estático. La agitación y la calma están en constante movimiento, como las olas del mar. No intentes evadir ni controlar las olas, mejor aprende a surfearlas.

Puedes extender este aprendizaje al resto de tu vida, reconociendo que todo aquello con lo que interactúas tiene un principio y un fin. El día, la noche, las crisis, el dolor, la juventud, las relaciones, el dinero, los problemas, los placeres, los días buenos, los días malos, las nubes, los árboles, las montañas, las ciudades. Todo se está transformando y no hay manera de evitarlo.

¿No es maravilloso? ¿No es liberador? ¿No sientes alivio de saber que nada es para siempre? La vida ocurre sólo en el aquí y en el ahora, no necesitas aferrarte a nada. Soltar es la única forma de vivir.

NO TE AFERRES A NADA

PORQUE NADA

ES PERMANENTE

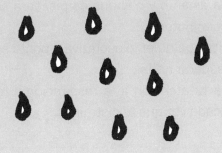

EJERCICIO 5: SOLTANDO EXPECTATIVAS

¿Cómo sería meditar dejando ir cualquier tipo de expectativa? ¿Cómo sería sentarse a respirar sin esperar nada a cambio? ¿Qué pasa cuando dejas de buscar algo diferente y simplemente vives el momento presente tal como es? ¡Vamos a descubrirlo en la siguiente meditación!

Practica con la meditación guiada que lleva por título **Soltando expectativas** disponible *sientate-contigomismo.com*. O bien, realiza el ejercicio por ti mismo de la siguiente forma:

1. Consigue un temporizador o usa el de tu celular y prográmalo para que te avise cuando hayan pasado cinco minutos.
2. Toma asiento y haz que empiecen a correr los cinco minutos.
3. Suelta cualquier expectativa y ponte a meditar sin esperar nada.
4. Lleva tu atención a la respiración y regresa a ella cada vez que te distraigas.

5. No te esfuerces por lograr ningún tipo de resultado, todo lo que ocurra está perfectamente bien. No hay nada que cambiar.
6. Sigue meditando así hasta que hayan acabado los cinco minutos.

HAZLO POR TI, PERO TAMBIÉN POR LOS DEMÁS

Durante el tiempo que llevo meditando, me he dado cuenta de que mi práctica no sólo tiene un impacto positivo en mí, sino también en las personas que me rodean.

Meditar me ha ayudado a ser más empático, más paciente, más generoso y amable. Me siento capaz de sostener a otras personas con compasión y ecuanimidad. Me comunico con mayor asertividad y soy menos reactivo. Las virtudes que cultivo todas las mañanas en mi sillón, las pongo al servicio de todos los seres.

Cuando medites, no sólo tomes en cuenta tu propio bienestar, sino también el beneficio que tu práctica tiene en tu familia, en tus amigos, en tu entorno laboral y en tu comunidad. El mejor regalo que puedes ofrecerles a los demás es tu presencia.

Cuando estás realmente en el aquí y en el ahora, con una actitud de apertura y gentileza, el mundo se nutre de tus mejores cualidades.

Siempre que te pongas a meditar, puedes destinar un momento para dedicar los méritos de tu práctica a todos los seres, incluyéndote a ti mismo. ¿Cómo se hace esto? Es muy sencillo: antes de comenzar con el proceso de llevar tu atención a la respiración, simplemente di algo así como: *que mi meditación sea para mi beneficio y también para el beneficio de los demás*. Intenta decirlo con una sonrisa.

Esta actitud es también una gran forma de abordar cualquier cosa que emprendas en tu vida. Es sano hacer cosas pensando en tu propio bienestar, pero el beneficio es mayor si incluyes buenas intenciones para los demás. Si comes saludable, estarás más sano para tu familia. Si vas a terapia, tendrás más herramientas para construir mejores relaciones. Si consumes menos productos innecesarios, estarás beneficiando al medio ambiente. Todo lo que haces tiene un impacto en los demás. Intenta recordar esto siempre que necesites retomar inspiración y motivación, ya sea en la meditación o en la vida misma.

Siéntate contigo mismo y sé el cambio que quieres ver en el mundo.

CUANDO
ESTÁS
REALMENTE
PRESENTE,
LE ESTÁS
OFRECIENDO
AL MUNDO
TU MEJOR
VERSIÓN.

EJERCICIO 6: UNA MEDITACIÓN GENEROSA

Quiero invitarte a que medites una vez más, pero te propongo que en esta ocasión no solamente lo hagas por ti, sino también por tus seres queridos. Verás que se siente distinto.

En *sientatecontigomismo.com* encontrarás una meditación guiada llamada **Una meditación generosa**, puedes practicar con ese audio, o seguir las siguientes instrucciones en silencio por tu propia cuenta:

1. Siéntate en tu postura de meditación.
2. Antes de empezar a meditar formalmente, piensa en las personas con las que convives más frecuentemente y reflexiona cómo podrían beneficiarse de una versión de ti más presente, más atenta y menos reactiva.
3. Programa tu temporizador para meditar por cinco minutos (o más, si así lo deseas).
4. Medita como ya has aprendido en este libro, teniendo en cuenta que tu esfuerzo y dedicación también servirán a tus seres queridos.
5. Cuando hayan pasado los cinco minutos, termina tu meditación con una sonrisa y continúa tu día con atención, calma y presencia.

UNA FORMA MÁS RELAJADA DE MEDITAR

Sentarte contigo mismo puede ser tan sencillo como eso: sentarte y ya. Sin preocuparte por la postura, ni por la respiración, ni por nada.

A veces, cuando no hay tiempo o ganas, viene bien practicar un tipo de meditación más sencilla y menos estructurada, como la que te voy a proponer a continuación.

1. Siéntate como quieras y donde quieras. Disfruta el acto de sentarte.
2. Relaja tu cuerpo, cierra los ojos. Disfruta el acto de cerrar los ojos.
3. Respira rico, llena tu cuerpo de aire fresco. Disfruta tu respiración.
4. Quédate ahí en silencio y en quietud. Disfruta del silencio y la quietud.
5. No te preocupes por lograr nada en especial, lo que surja está bien. Disfruta lo que surja.
6. Cuando quieras levántate y continúa con tu día. Disfruta el acto de levantarte y continuar con tu día.

A veces, eso es más que suficiente.

CUANDO
MEDITAS
HACES
MÁS BELLO
EL MUNDO

A VECES ESTÁ BIEN
MEDITAR SIN
PREOCUPARSE POR
LA POSTURA,
NI POR LA CONCENTRACIÓN,
NI POR NADA.

JUST
CHILL

MEDITAR ES ALGO QUE SE APRENDE CADA DÍA

La meditación nunca deja de enseñarnos cosas nuevas acerca de la vida y de nosotros mismos. Cada sesión tiene el poder de presentarnos una gran revelación. Cuando creemos que ya lo sabemos todo, la práctica se encarga de demostrarnos lo contrario.

A partir de este momento, tú cuentas con las bases necesarias para empezar a meditar sin ningún problema. ¡Estás listo para comenzar a sentarte contigo mismo! Sin embargo, debes saber que aún quedan muchísimas cosas por aprender y es tu responsabilidad irlas descubriendo poco a poco.

Cada día surgirán nuevos retos, nuevas dudas y nuevos obstáculos, pero si regresas a tu respiración y te permites observar el momento presente tal como es, sin juzgarlo... la verdad se develará por sí sola.

CAPÍTULO 4

CÓMO FORMAR EL HÁBITO DE MEDITAR

CUANTO MÁS SE MEDITA, MAYOR ES LA CAPACIDAD DE PERCEPCIÓN Y MÁS FINA LA SENSIBILIDAD, ESO PUEDO ASEGURARLO. SE DEJA DE VIVIR EMBOTADO, QUE ES COMO SUELEN TRANSCURRIR NUESTROS DÍAS. LA MIRADA SE LIMPIA Y SE COMIENZA A VER EL VERDADERO COLOR DE LAS COSAS.

PABLO D'ORS

Ahora que ya sabes meditar (¡felicidades por eso!), es momento de que empieces a convertirlo en un hábito. Sentarte contigo mismo de manera constante es lo que marcará una verdadera diferencia en tu vida.

Puedes empezar con sesiones de cinco minutos como lo has hecho hasta ahora. Una vez que logres incorporar la meditación en tu rutina y que te sientas cómodo con la práctica, puedes aumentar la duración de tus sesiones poco a poco. Esto es sumamente recomendable, pues los beneficios de meditar por periodos más largos son más poderosos, además de que la experiencia es muchísimo más enriquecedora.

La meditación es uno de los hábitos más transformadores, porque cuando aprendes a observar los pensamientos que surgen en tu cabeza sin creer todo lo que te dicen, sin aferrarte a ellos y sin reaccionar en automático, empiezas a vivir con más ligereza, con más libertad y con más compasión.

¡Veamos algunos consejos que te ayudarán a sentarte contigo mismo todos los días!

TU CEREBRO
CUANDO LEES
ACERCA DE
CÓMO MEDITAR

TU CEREBRO
CUANDO PASAS
A LA PRÁCTICA
Y MEDITAS
TODOS LOS DÍAS

ENAMÓRATE (Y REENAMÓRATE) DE LA MEDITACIÓN

Cuando te enamoras de una persona, lo que más quieres es estar con ella todos los días, ¿cierto? Pues lo mismo ocurre con la meditación. Cuanto más la conoces, cuanto más la comprendes, cuanto más la valoras, más quieres ponerla en práctica. Enamorarte de la meditación te ayudará a convertirla en un hábito. Siéntate con ella, dedícale tiempo, escúchala, encuéntrale el gusto, reconoce todas sus cualidades.

Desde luego que, al igual que los seres humanos, la meditación no siempre será perfecta y no siempre cumplirá con tus expectativas. Incluso puede llegar a aburrirte. Es ahí cuando necesitas verla con claridad y reenamorarte de ella. Si sientes que la magia del enamoramiento comienza a desvanecerse, lee otro libro sobre *mindfulness*, asiste a una sesión grupal de meditación, recuerda tus motivaciones... y vuelve a meditar.

La meditación es una relación de amor a largo plazo. Si aprendes a disfrutar de su grata compañía, nunca estarás solo.

TRES CLAVES PARA CONVERTIR LA MEDITACIÓN EN UN HÁBITO

Basándome en mi experiencia como practicante e instructor de meditación, me atrevo a decir que las tres claves esenciales para formar el hábito de meditar son las siguientes:

1. Hazlo una prioridad

Prioridad: Anterioridad de algo respecto de otra cosa, en tiempo o en orden.

Coloca tu práctica de meditación entre las cosas más importantes de tu vida, al menos mientras consigues convertirla en un hábito.

En tu rutina diaria, asegúrate de que meditar esté en el top 3 de cosas por hacer cada día. Evita distraerte con actividades de menor jerarquía. Muchas personas piensan que no tienen tiempo para meditar, pero en realidad lo que pasa es que no tienen claras sus prioridades y terminan dedicándole más tiempo a cosas de menor importancia.

También es recomendable que no intentes formar otro hábito al mismo tiempo que estás tratando de formar el de la meditación. Si en verdad quieres incorporar el arte de sentarte contigo mismo a tu rutina diaria, entonces enfócate exclusivamente en eso hasta que lo hayas conseguido. Crear un hábito a la vez es la mejor forma de hacerlo.

Haz un compromiso contigo mismo (y con tu calma interior) diciendo la siguiente afirmación: *meditar es mi prioridad.*

2. Hazlo simple

Diseña una rutina a la medida, procurando que sea simple y fácil de seguir. Evita complicarte.

La técnica que has aprendido en este libro ya es en sí bastante sencilla. No se requiere gran cosa. Basta con encontrar un asiento, un lugar donde puedas estar sin interrupciones por unos minutos y un temporizador o una meditación guiada. No necesitas velas, ni incienso, ni música, ni ropa especial.

Tomando esto como punto de partida, lo único que tienes que hacer es encontrar un espacio en tu casa y una hora del día en el que te resulte sencillo sentarte un ratito a meditar. También es buena idea que la duración de tu sesión sea cómoda y accesible para ti, no te pongas metas demasiado altas. Ve poco a poco.

Haz que meditar sea tan sencillo como sentarte unos minutos en silencio y en quietud.

3. Hazlo aunque no quieras

Habrá días en los que no sentirás ganas de ponerte a meditar. Cuando esto ocurra, recuerda que es una prioridad, recuerda que es simple y hazlo aunque no te apetezca.

No te lo pienses demasiado. Simplemente siéntate, lleva tu atención a la respiración y regresa a ella cuando te distraigas. Acepta el momento presente tal como es. Observa cómo se siente meditar sin ganas de meditar, lleva tu curiosidad a esa sensación e intenta dejar ir cualquier juicio o narrativa mental.

La autodisciplina y la diligencia serán tus mejores aliadas en esto. Verás que una vez que hayas terminado tu sesión de meditación, sentirás una satisfacción enorme. Cuando esto ocurra, celébralo con gusto.

A LA MISMA HORA Y EN EL MISMO LUGAR

Cuando yo era niño, nunca me perdía mis caricaturas favoritas porque sabía que las pasarían siempre a la misma hora y en el mismo canal.

De igual manera, desde que empecé a meditar, me acostumbré a hacerlo a la misma hora y en el mismo lugar. Así fue como formé el hábito.

¡Tú puedes hacer lo mismo!

Medita siempre a la misma hora

Puedes empezar explorando qué momento del día es mejor para ti. Quizá necesites probar varias opciones antes de quedarte con la que mejor te funcione, pero te recomiendo que elijas un horario que puedas cumplir y en el que tu mente esté fresca.

Yo medito justo al despertar. Es lo primero que hago en el día. Sentarme conmigo mismo a esa hora me ayuda a ser constante y a no distraerme con otras actividades. Si quisiera meditar una vez iniciada mi rutina laboral, me resultaría muy difícil darme el tiempo de sentarme a practicar. Las mañanas también me favorecen porque mi mente está fresca y lúcida. Si intentara meditar por la noche, me quedaría dormido a los pocos segundos. Soy una *morning person*.

Pero todas las personas somos distintas y tenemos vidas diferentes.

Por ejemplo, Laiza (mi esposa) medita por las tardes. Ella dice que por las mañanas su mente despierta después que ella. Pero como Laiza es muy organizada y siempre termina puntual con su trabajo, se le facilita muchísimo hacerse tiempo para meditar por las tardes. Alrededor de las 5 p. m. ella realiza su propio ritual para bajar el ritmo y entrar en modo de descanso, así que meditar a esa hora le viene perfecto y le ayuda bastante.

Ahora piensa, ¿a qué hora te vendría bien programar tu meditación?, ¿en qué momento del día tu mente está más despierta?

Si eres una persona que suele tener las tardes muy ocupadas con compromisos sociales, entonces será mejor que medites por las mañanas antes de iniciar tus actividades. Si tienes una agenda llena desde la mañana hasta la tarde, quizá lo ideal para ti es meditar por las noches. Si eres padre de familia y tus mañanas suelen ser ajetreadas porque hay que llevar a los niños a la escuela, tal vez te convenga levantarte unos minutos antes o meditar al medio día, cuando tus hijos estén estudiando. Si trabajas en una oficina de tiempo completo, probablemente tu mejor opción sea tomarte un descanso para meditar en la sala de juntas.

Seguramente necesitarás probar varias opciones antes de dar con la más adecuada, pero una vez que encuentres tu horario ideal, apégate a él y sé constante.

Medita siempre en el mismo lugar

También es recomendable que medites siempre en el mismo sitio. Practicar en un espacio que te resulte cómodo y familiar te ayudará a fortalecer tu rutina. No necesita ser un lugar demasiado especial, basta con que encuentres un espacio adecuado donde puedas sentarte cómodamente y sin interrupciones por varios minutos al día. Cabe aclarar que no necesitas salir de casa para meditar, a menos que tú lo desees y que sea lo mejor para que formes el hábito.

Yo medito en el estudio de mi casa. Ahí entra una bonita luz al amanecer y el espacio es agradable. También hay un sofá en el que me resulta bastante cómodo sentarme a meditar. Todos los días me despierto y voy directo al sofá. A veces me acompaña Lupo, mi perro, y se sienta a mi lado a meditar conmigo (en realidad se duerme, pero hace como que medita).

Haz un recorrido por el lugar donde vives o trabajas y ubica el sitio más adecuado para sentarte contigo mismo. Cuando lo encuentres, conviértelo en tu centro personal de meditación. No tienes que remodelarlo ni nada por el estilo, basta con que digas *aquí es donde me voy a sentar a meditar todos los días*. Claro que, si así lo deseas, puedes colocar ciertos adornos o elementos que te llenen de inspiración.

TEN CLARO TU *PORQUÉ*

Si alguien te preguntara por qué meditas, ¿qué le responderías? Si aún no lo sabes, te recomiendo que te pongas a pensarlo, pues tener clara tu respuesta a esta pregunta es crucial para formar y mantener el hábito de meditar.

En la filosofía budista se hace muchísimo énfasis en el poder de nuestras intenciones, pues son éstas las que determinan el resultado de nuestros actos.

De manera similar, el autor Simon Sinek, en su libro *Empieza con el porqué*, explica que las empresas que logran mantenerse a lo largo del tiempo son aquellas que tienen una intención clara y generosa detrás de lo que hacen. Su porqué es lo que las motiva a seguir adelante y a enfrentar adversidades.

Si quieres incorporar la meditación a tu vida de manera exitosa, necesitarás tener claro tu *porqué*.

¿Qué fue lo que te motivó a leer este libro? ¿Cuál es tu intención detrás de todo esto? ¿Qué pretendes lograr con la meditación? ¿Qué beneficios esperas obtener? ¿Cómo consideras que estos beneficios pueden ayudar también a los demás?

Tus respuestas pueden ir cambiando a medida que tú vas cambiando, pero por ahora te servirá muchísimo tener un *porqué* inicial. Una vez que lo tengas claro, intenta recordarlo todos los días y verás que siempre encontrarás una poderosa razón para sentarte a practicar. Además, tendrás una respuesta firme y cautivadora bajo la manga cada vez que alguien te pregunte: *¿por qué meditas?*

ESCRIBE TU PORQUÉ

YO MEDITO PORQUE_____

LA SECUENCIA DE UN HÁBITO ATÓMICO

En el libro *Hábitos Atómicos*, James Clear explica que, para construir un hábito, es necesario establecer una secuencia que consta de cuatro pasos:

1. Señal
2. Anhelo
3. Respuesta
4. Recompensa

Aplicado al hábito de meditar, estos cuatro pasos significan lo siguiente:

1. **Señal.** Es lo que te indica que es momento de meditar. La señal debe ser algo que hagas todos los días para que nunca se te olvide. Por ejemplo: desayunar. Si ésta es tu señal, entonces sabrás que después del desayuno lo que sigue es meditar. Así es más probable que repitas el hábito diariamente.
2. **Anhelo.** Es lo que te motiva a meditar (tu *porqué*). Debes reflexionar acerca de qué es lo que obtendrás una vez que construyas y mantengas

ese hábito. Por ejemplo: *Si medito diariamente, tendré más paciencia para mi familia*. Esta motivación es lo que te inspirará a avanzar al siguiente paso.

3. **Respuesta.** Esto significa, simple y sencillamente, sentarte a meditar. Aquí podemos incluir el lugar en el que meditas y la duración de tu sesión. Es muy recomendable que medites siempre en el mismo sitio y que lo hagas por una duración que sea realizable para ti. Por ejemplo, puedes meditar en el sillón de tu sala durante cinco minutos.

4. **Recompensa.** Es el premio que te das a ti mismo por haber meditado. Busca algo que te haga sentir bien, por ejemplo: puedes llevar un calendario donde dibujes una carita feliz cada día que hayas meditado. Ver un calendario lleno de caritas felices a final de mes será muy gratificante y querrás seguir haciéndolo.

Ahora que estás intentando meditar todos los días (espero que así sea), te invito a que pongas a prueba la secuencia que te acabo de explicar y descubras qué tal te funciona.

Completa las siguientes frases:

1. Voy a meditar todos los días justo después de

Ej. Despertar, pasear a mi perro, tomar café, comer, lavarme los dientes, apagar la computadora, cenar, etcétera.

(Ésta será tu señal)

....

2. Lo que me motiva a meditar es

Ej. Vivir con menos estrés, conocerme mejor, ser más paciente, concentrarme mejor en mi trabajo, relacionarme mejor con mi ansiedad, etcétera.

(Éste será tu anhelo)

....

3. Voy a meditar en   durante   minutos.

Ej. En mi habitación durante 2 minutos, en mi escritorio durante 3 minutos, en mi patio durante 5 minutos, etcétera.

(Ésta es tu respuesta)

....

4. Después de meditar voy a   .

Ej. Escuchar un podcast, ver redes sociales, comer un poco de chocolate, anotarlo en mi calendario, etcétera.

(Ésta es tu recompensa)

Inténtalo por unos días y explora si este esquema te es de utilidad. Siéntete libre de probar distintas opciones hasta encontrar la más adecuada para ti.

¡Sigue meditando!

NO SE TRATA
DE TENER
TIEMPO
PARA MEDITAR,
SINO DE HACER
TIEMPO
PARA MEDITAR.

CLUB DE MEDITADORES IMPERFECTOS

Tengo un club imaginario al que me gustaría invitarte. Se llama **Club de Meditadores Imperfectos**. Éstas son algunas de las características de quienes lo integramos:

1. **Nuestra concentración no es perfecta.** En este club no nos preocupamos por tener una concentración impecable. Sabemos que no somos perfectos y que nuestra mente vuela a mil por hora. Ponemos nuestro máximo empeño en regresar a la respiración una y otra vez, pero lo hacemos sin juzgarnos y sin ponernos ningún tipo de calificación.

2. **A veces nos desmotivamos.** Sabemos que es normal andar bajos de ánimos de vez en cuando. En este club no pretendemos que nuestro ímpetu esté siempre al máximo. Sin embargo, tenemos una confianza tan grande en nosotros mismos y en nuestra práctica que, con o sin ganas, siempre nos sentamos a meditar, aunque sea un ratito.

HOLA, SOY...

_____

TU NOMBRE AQUÍ

Y SOY UN MEDITADOR
IMPERFECTO

3. **No somos 100% constantes.** A veces, por cuestiones de la vida, dejamos de meditar por un par de días o incluso por varias semanas, pero siempre retomamos nuestra práctica con frescura y entusiasmo. Reconocemos la importancia de ser constantes y hacemos todo lo posible por lograrlo. Pero cuando fallamos no nos castigamos, ni abandonamos nuestro compromiso. Simplemente volvemos a empezar.

4. **Celebramos la imperfección de nuestro avance.** Aquí sabemos que el camino hacia una vida con más paz mental no es lineal. Tenemos subidas y bajadas, pero esto no nos abruma ni nos desalienta. En este club disfrutamos y abrazamos el proceso con todas sus imperfecciones. Sabemos que a la larga nuestra práctica siempre da frutos.

Si te identificas con lo arriba descrito, entonces puedes unirte a nuestro club imaginario. Cada vez somos más y estaremos encantados de darte la bienvenida.

DE CINCO A QUINCE

Hasta el momento has estado realizando sesiones de meditación de cinco minutos. Esta duración es excelente para familiarizarte con la práctica y para empezar a formar el hábito. Sin embargo, es muy recomendable que poco a poco aumentes la duración de tus sesiones. Meditar por periodos más largos te ayudará a profundizar en tu práctica y a fortalecer aún más tu capacidad de regresar al momento presente.

La mayoría de las investigaciones que la neurociencia ha realizado en torno a los beneficios de la meditación *mindfulness* se basan en programas con sesiones de treinta minutos al día durante ocho semanas. Sin embargo, no es necesario que te pongas a meditar media hora para empezar a notar cambios.

Un estudio publicado en *Behavioural Brain Research* sugiere que meditar durante trece minutos al día puede ser suficiente para que nuevos meditadores experimenten una mejora en su atención, memoria, estado de ánimo y regulación emocional. Yo quiero invitarte a que vayas un poquito más allá y establezcas una práctica de quince minutos diarios.

Quizá la idea de quedarte un cuarto de hora en silencio y en quietud te parezca demasiado, pero ¿me creerás que no es tan difícil como suena, y que además resulta bastante interesante? ¡Claro! Deberás ir progresando a tu propio ritmo, según tu experiencia. Pero créeme que el esfuerzo merece la pena.

A continuación, quiero proponerte un plan para alargar la duración de tu práctica progresivamente. Puedes verlo como un reto divertido de hacer. La idea consiste en añadir dos minutos a tu sesión cada semana, de tal modo que tu calendario se verá algo así:

Semana 1: cinco minutos
Semana 2: siete minutos
Semana 3: nueve minutos
Semana 4: once minutos
Semana 5: trece minutos
Semana 6: quince minutos

De este modo, el aumento será paulatino y amigable. Los cambios pequeños pero progresivos siempre son más efectivos. Además, si sigues este plan, en sólo seis semanas lograrás meditar durante quince minutos. ¡Eso es un gran logro!

Una vez que llegues a los quince minutos puedes quedarte en esa duración por el tiempo que desees. Si eres constante, en poco tiempo empezarán a llegar los beneficios.

Es muy probable que con el tiempo termines enamorándote de la práctica y sientas ganas de aventurarte a meditar por más tiempo. Verás que se descubren cosas muy interesantes cuando se medita por veinte, treinta o hasta sesenta minutos.

¡Empieza hoy!
Hoy es el día perfecto para empezar a formar el hábito de meditar.

Considera este día como el día 1 de la semana 1.

Haz un calendario en una libreta (o utiliza la hoja que encontrarás a continuación) y lleva un registro de los días que has meditado. Recuerda empezar con cinco minutos para que vayas aumentando dos minutos cada semana hasta llegar a quince.

Puedes meditar utilizando las guías que encontrarás en *sientatecontigomismo.com* para cada semana. Aunque también puedes hacerlo en absoluto silencio por tu propia cuenta utilizando un temporizador o una app para meditar que tenga el sonido de una campana al inicio y al final de cada sesión.

¿Aceptas el reto?

AUMENTA LA DURACIÓN DE TU PRÁCTICA PASO A PASO

BITÁCORA DE MEDITACIÓN

	DÍA 1	DÍA 2	DÍA 3	DÍA 4	DÍA 5	DÍA 6	DÍA 7
SEMANA 1							
SEMANA 2							
SEMANA 3							
SEMANA 4							
SEMANA 5							
SEMANA 6							

PON UNA MARCA EN EL RECUADRO CORRESPONDIENTE PARA INDICAR SI MEDITASTE O NO. TAMBIÉN PUEDES ANOTAR LA DURACIÓN DE TU SESIÓN.

CAPÍTULO 5

DE LA MEDITACIÓN A LA VIDA

LA MEDITACIÓN ES UN MICROCOSMOS, UN MODELO, UN ESPEJO. LAS HABILIDADES QUE PRACTICAMOS CUANDO NOS SENTAMOS SON TRANSFERIBLES AL RESTO DE NUESTRAS VIDAS.

SHARON SALZBERG

La meditación es un entrenamiento para la vida. El propósito de sentarnos con nosotros mismos es que podamos vivir nuestros días con absoluta presencia. Queremos liberarnos de ese aferramiento mental que nos hace sufrir y empezar a apreciar la belleza del momento presente.

Todo lo que ensayamos durante nuestra práctica de meditación podemos aplicarlo también en nuestra vida cotidiana. Podemos comer, caminar, hablar, trabajar, abrazar y llorar, prestando atención al momento presente sin juzgarlo y sin perdernos en nuestras narrativas mentales. Así se vive más bonito, así se vive más ligero.

En esta sección te compartiré algunas ideas para que todo lo que estás cultivando en tus sesiones de meditación empiece a florecer en tu vida diaria.

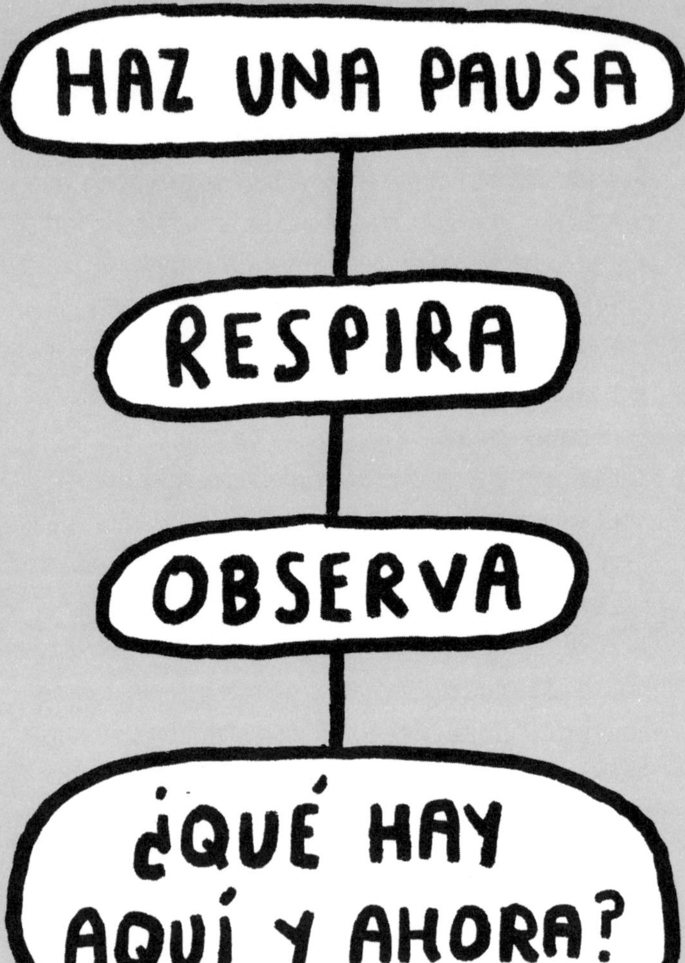
HAZ UNA PAUSA
RESPIRA
OBSERVA
¿QUÉ HAY AQUÍ Y AHORA?

DISFRUTA LAS PEQUEÑAS COSAS

Cuando vivimos deprisa y en automático, nos perdemos de la belleza de las cosas pequeñas.

El baile de los árboles.
El sabor del café por la mañana.
La luz que penetra la ventana.
El canto de las aves.
La suavidad de una ducha tibia.
El aroma de una fruta fresca.
La textura de nuestra ropa.
La compañía de nuestros seres amados.

La vida está llena de detalles hermosos, lo único que necesitamos hacer es aprender a contemplarlos.

Trata de vivir cada uno de tus días con la mente atenta y el corazón despierto. Deja de vagar en tu cabeza y date permiso de apreciar la magia del momento presente.

Haz una pausa.
Respira.
Deja ir tus pensamientos.
Y observa el momento presente con atención.
¿Qué ves?

CÓMO ENFRENTAR EL DOLOR

En la vida no todo es bonito. También hay dolor. Dolor físico, dolor emocional, dolor existencial. Es parte de la vida y no podemos evitarlo. Lo que sí podemos hacer es aprender a lidiar con él poniendo en práctica las cualidades que cultivamos en nuestro ejercicio de meditación.

¿Cómo sería el dolor si lo experimentamos tal como es en el momento presente? ¿Cómo sería el dolor si dejamos ir todas las historias que nos contamos acerca de él? ¿Cómo sería el dolor si nos permitimos vivirlo sin juicios ni expectativas?

Si prestas atención, te darás cuenta de que muchas veces éste se hace más pesado cuando le agregamos capas de pensamiento. Las historias que nos contamos acerca de lo que nos duele es lo que complica las cosas.

Hace no mucho tiempo, me entrevistaron en un podcast conducido por locutores muy famosos. Estaba tan nervioso que la entrevista salió muy mal y mucha gente me criticó con comentarios muy duros. Eso me provocó un dolor emocional... me sentí triste y desilusionado. Al principio esta experiencia fue muy pesada para mí porque me la pasaba pensando en lo que debí haber dicho y en todo lo que hice mal. También sentía vergüenza por estar triste al respecto (*¿cómo es que un meditador como yo se siente afectado por trivialidades como éstas?*). Sin embargo, al día siguiente me di permiso de sentir el dolor emocional sin juzgarme y sin querer cambiar nada. Observé mis emociones, les di espacio y cariño. Sentí la opresión en mi pecho y el vacío en mi estómago. Dejé que el dolor estuviera presente sin hacer nada más que prestarle atención. Hacer esto me liberó por completo. Me quité una carga de encima y seguí con mi vida dejando ir lo que ya estaba en el pasado.

Lo que quiero expresar con esto es que el dolor se vuelve más ligero cuando lo observamos y lo aceptamos con una actitud de aceptación, sin querer cambiar nada. Yo sé que no todos los dolores son iguales y que hay experiencias realmente desgarradoras. Pero ¿qué otra opción tenemos?

Cuando experimentes algún tipo de dolor, te invito a que le des la bienvenida y lo abraces. No será fácil, pero será mucho mejor que luchar contra él. Suelta las historias que te cuentas y déjalo estar. Llora si es necesario, deja de resistirte.

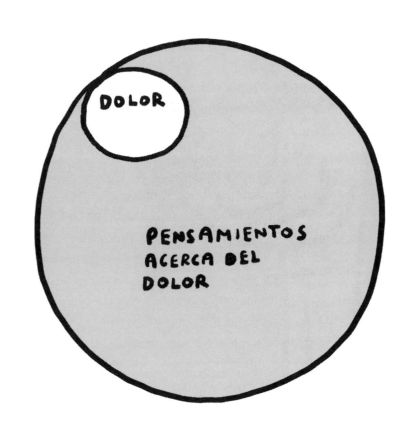

RECONOCER, SOLTAR Y VER CON CLARIDAD

Cuando meditamos, lo que en realidad estamos haciendo es entrenarnos en el arte de reconocer, soltar y ver con claridad. Este entrenamiento se vuelve muy útil cuando aprendemos a aplicarlo en situaciones cotidianas.

Hace algunos años, yo trabajaba como creativo en una agencia de publicidad. En esta profesión es muy común recibir críticas acerca de tu trabajo, pues tus ideas deben ser evaluadas y aprobadas por otras personas. Esto puede llegar a ser muy incómodo, sobre todo si te lo tomas como algo personal. ¡Ése era mi caso! A mí, las críticas me abrumaban y me irritaban demasiado. Cuando a mis jefes o a mis clientes no les gustaban mis ideas, me frustraba y me sentía mal conmigo mismo. Sin embargo, una vez que empecé a meditar, descubrí que podía relacionarme de una forma distinta con la crítica.

Primero, aprendí a **reconocer** que, tras ser criticado, automáticamente empezaban a surgir historias en mi cabeza acerca de mil cosas: me tomará mucho tiempo pensar en una idea nueva, no soy suficientemente talentoso, esa persona critica mi trabajo porque tiene algo en mi contra, etcétera. Reconocer estos pensamientos y tomar distancia de ellos sin considerarlos verdaderos abrió un espacio muy liberador dentro de mí.

Después supe que podía **soltar** esas historias, sin juzgarme y sin juzgarlas. Simplemente las dejaba ir sin hacerles mucho caso. Sabía que era mi mente la que estaba inventando todo eso.

Finalmente, surgía la posibilidad de **ver las cosas con claridad**. Una vez que me liberaba de dichas historias era más fácil comprender y aceptar las críticas porque no me las tomaba como algo personal. Lo mejor de todo es que con esa claridad me resultaba mucho más fácil encontrar nuevas alternativas y soluciones para ajustar mis ideas o crear nuevas propuestas. Empecé a disfrutar más mi proceso creativo porque mi mente y mi corazón se sentían más livianos.

Ahora quiero invitarte a que tú también practiques el arte de reconocer, soltar y ver con claridad. Puedes hacerlo en tu trabajo, en tus relaciones personales o en lo que gustes. Te apuesto a que descubrirás cosas que no habías visto antes y que tu vida se volverá más sencilla.

VER A LAS PERSONAS COMO REALMENTE SON

¿Cómo sería ver a tu mamá y a tu papá como realmente son, sin todas las expectativas y narrativas mentales que surgen en tu mente? ¿Cómo sería interactuar con las personas que te rodean sin dejarte llevar por tus prejuicios? ¿Cómo sería remover las etiquetas que le pones a la gente?

Quizá todo sería más fácil.

La mayoría de los conflictos en nuestras relaciones se deben a que queremos que las personas sean como nosotros deseamos que sean. Cuando la gente piensa, dice o hace algo distinto a lo que nosotros quisiéramos, terminamos sufriendo y haciendo sufrir a los demás.

Pero si llevamos los mismos principios de la meditación a nuestras relaciones, seremos capaces de ver y aceptar a los demás tal como son, sin dejarnos llevar por las historias que nos contamos. Esto es muy liberador porque nos quitamos el peso de nuestras expectativas. A fin de cuentas, nadie es perfecto.

Esto no significa que debamos tolerar que alguien nos trate mal, ni que debamos ser amigos de todo el mundo. Tampoco quiere decir que no podamos poner límites y exigir respeto. Se trata de soltar nuestras quejas y exigencias mentales, para reconocer la realidad tal como es. Una vez que aceptamos a los demás, podemos ver las cosas con calma y hacer lo que sea necesario.

Cuando yo era más joven, viví un tiempo con mi abuela paterna. A simple vista ella parecía una mujer dura, grosera y controladora. Cuando yo veía a mi abuela de esta manera, siempre terminaba discutiendo con ella y frustrándome muchísimo. Pero poco a poco aprendí a aceptarla sin tratar de cambiarla. Digamos que me rendí. Solté mis expectativas, hallé la manera de lidiar con su personalidad sin tomarme las cosas de forma personal y me permití reconocer a mi abuela como un ser imperfecto. Esta actitud lo cambió todo. Nuestra relación se volvió más fluida, más pacífica y menos conflictiva.

Cuando vemos a las personas como realmente son, podemos aprender mucho de ellas. Podemos conocerlas más allá de nuestros prejuicios y dejarnos sorprender por su bondad, su talento y su sabiduría. Ver a las personas como realmente son también implica dejar de idealizarlas. Muchas veces ponemos a las personas en un pedestal porque imaginamos cosas que no son ciertas y cuando nos topamos con la realidad sufrimos una gran desilusión.

Te invito a que intentes ver a todos los seres humanos (y no humanos) como realmente son, poniendo en práctica tu capacidad de prestar atención al momento presente sin juicios y sin reaccionar en automático.

Y si quieres un reto extra te propongo que no sólo lo hagas con los demás, sino también contigo mismo. ¿Qué pasaría si te ves y aceptas como verdaderamente eres?

SILENCIO Y QUIETUD PARA LA VIDA DIARIA

Decimos y hacemos cosas sin pensarlo. Hablamos por hablar, hacemos por hacer. Soltamos comentarios innecesarios para llenar la incomodidad del vacío. Actuamos impulsivamente, saltando de una actividad a otra para no aburrirnos. Saturamos nuestra vida de ruido y movimiento sin sentido.

Pero las cosas no tienen que ser así. Podemos hacer espacio para el silencio y la quietud de manera intencional. Podemos hablar menos y escuchar más. Podemos darle descanso a nuestra boca, a nuestros oídos y a nuestra mente. Podemos bajar la velocidad. Podemos frenar. Podemos ponerle pausa a nuestro cuerpo.

Procura crear momentos de silencio y de quietud cada día. Cuando despiertes, quédate unos minutos contemplando la tranquilidad del amanecer. A lo largo de tu jornada, tómate descansos para no hacer nada. Suelta las pantallas por un instante. Ponte a ver por la ventana sin decir palabra. Cuando llegue la noche acuéstate lentamente y dirige tu mirada al techo. Deja que el silencio y la quietud te arropen con su calma. Respira y observa.

Inserta breves instantes de silencio antes de hablar. No respondas de inmediato cuando alguien te haga una pregunta, no expreses tus pensamientos abruptamente. Mejor respira unos segundos, deja que suene el silencio y habla suave, con plena consciencia.

Cuando vayas a hacer algo, como dar un bocado a tu comida o atar las agujetas de tus zapatos, aguarda un momento antes de actuar. Inhala y exhala, contempla la quietud y luego haz lo que tengas que hacer. Hazlo con presencia y elegancia. Te quitará poco tiempo y te traerá mucha paz.

A VECES,
EL SILENCIO
Y LA QUIETUD
SON LA MEJOR
MEDICINA
PARA LA MENTE
Y EL CORAZÓN.

20 MANERAS DE VIVIR CON MÁS PRESENCIA

1. Haz una cosa a la vez.
2. Cuando comas, come.
3. Cuando camines, camina.
4. Cuando abraces, abraza.
5. Sonríe más seguido.
6. Muévete más lento.
7. Habla más despacio.
8. Mira el cielo con más frecuencia.
9. Critica menos y observa más.
10. Deja de quejarte mentalmente.
11. Si hace frío, siente el frío.
12. Si hace calor, siente el calor.
13. Habita y relaja tu cuerpo.
14. Dale espacio a tus emociones.
15. Siente la textura de las cosas que tocas.
16. Escucha la música del momento presente.
17. Contempla las formas y los colores.
18. Vive como si estuvieras jugando.
19. Sé amable contigo.
20. Sé amable con la vida.

VIVE CON SENCILLEZ,
VIVE CON VIRTUD,
CUIDA TUS PALABRAS
Y RECUERDA QUE NO
ERES EL CENTRO
DEL UNIVERSO.

CUATRO CONSEJOS BUDISTAS PARA VIVIR CON CALMA MENTAL

Meditar nos ayuda a tener calma mental, pero no es lo único.

Lo mejor que podemos hacer es complementar nuestra práctica de meditación con un estilo de vida lleno de sabiduría, equilibrio y virtud.

A continuación, te compartiré cuatro consejos inspirados en la filosofía budista que puedes aplicar en tu vida para vivir con más tranquilidad interior. Si además de meditar aplicas estos consejos, verás que empezarás a sentirte mucho mejor.

1. Vive con sencillez

Tenemos más cosas de las que necesitamos, ¡y todavía queremos más! Acumulamos ropa, tazas, papeles, adornos, aparatos y miles de objetos que nunca utilizamos. Pero nada parece ser suficiente porque seguimos comprando más y más. ¿Cuántas de ellas son necesarias? ¿Cuántas de ellas en verdad nos ayudan a vivir mejor?

Tenemos, además, vidas muy ocupadas. Hacemos una cosa y luego otra, siempre con prisa, siempre con urgencia. Tenemos la agenda atiborrada de planes, compromisos y proyectos. Vamos con el celular a todos lados, saturados de avisos y notificaciones. ¿Cuántas de ellas son importantes? ¿En verdad es necesario hacer tanto?

Vivimos en un torbellino innecesario y nuestra mente no puede con tanto. El ruido en nuestra cabeza es ensordecedor. Meditar ayuda, pero simplificar hace el trabajo más fácil.

Intenta llevar una vida ligera. Para ser feliz no necesitas tantas cosas. Puedes sentirte pleno con una vida hermosamente simple. En tu clóset, sólo la ropa que usas y amas. En tu cocina, únicamente los utensilios que necesitas para preparar y comer platillos ricos y saludables. En tus estantes, sólo los libros que te encanta leer. Tu rutina: enfocada, tranquila y disfrutable; con tiempo para el trabajo y tiempo para el descanso. En tu agenda sólo las actividades que te aportan valor y te ayudan a vivir mejor. Relaciones pocas, pero significativas. Sin nada que demostrar, sin nadie a quien impresionar. Una vida holgada, con tiempo y espacio para las cosas que realmente importan.

Vivir con sencillez te ayudará a sentirte más en calma. Meditar se volverá más sencillo, habrá menos rumiación y menos problemas por resolver en tu cabeza. Podrás ir hacia adentro con mayor fluidez.

Empieza poco a poco. Simplifica, reduce, deja de comprar cosas que no necesitas. La felicidad no está afuera, sino adentro. Despeja tu agenda, aprende a decir no, deja de cumplir expectativas externas. No tienes que hacerlo todo. Ándate más despacio y permítete disfrutar la riqueza de una vida simple.

2. Vive con virtud

Nada pesa más que una mente llena de remordimiento. Si tratas mal a los demás, si te tratas mal a ti mismo, si mientes, si engañas y no eres responsable de tus acciones, tu estado mental estará constantemente atormentado. No importa cuánto medites, será imposible que encuentres calma en tu interior.

En cambio, la paz de una consciencia tranquila no tiene precio.

Trata de vivir de la manera más virtuosa que puedas. No necesitas ser un santo, ni un ser impecable. Basta con que seas consciente de tus actos. Trata bien a los demás, no te aproveches de nadie, sé generoso, sé gentil, sé amable. Habla con la verdad, habla con compasión. Procura ser justo, íntegro, transparente y respetuoso. Comparte tu alegría y celebra la alegría de los demás. Ofrécele al mundo tu versión más pura y bondadosa. Verás que se siente bien. Tu mente y tu corazón se sentirán más ligeros, y tus meditaciones serán un bálsamo fresco para el alma.

Pero por favor no confundas esto con ser perfecto. Nadie lo es. Todos nos equivocamos, todos nos dejamos llevar por nuestros impulsos de vez en cuando. Todos tenemos heridas que, sin darnos cuenta, afectan a otros. Aquí lo importante es que te comprometas a vivir de la manera más virtuosa posible y que hagas tu mejor esfuerzo momento a momento. Evita castigarte o cargar con culpas innecesarias. Si te das cuenta de un error, haz lo que esté en tus manos para enmendarlo y sigue adelante. Trátate con cariño. La virtud debe practicarse también hacia uno mismo.

3. Cuida tus palabras

¿Alguna vez te ha pasado que dices algo de forma impulsiva y después te sientes mal al respecto? ¿Te ha pasado que cuando hablas a espaldas de alguien o dices una mentira, te sientes con un peso encima? Y, por otro lado, ¿te ha pasado que cuando hablas con la verdad, con claridad y desde el corazón te sientes en paz? ¿Te ha pasado que después de expresar lo que sientes con las palabras adecuadas en el momento adecuado, experimentas libertad y ligereza?

Lo que sale de tu boca (o de tus manos cuando escribes) tiene un impacto en tu estado mental. Hablar con agresividad, malicia, enredos y mentiras genera caos en tu vida y ruido en tu mente. En cambio, hablar con bondad, claridad y franqueza provoca que todo fluya mejor por dentro y por fuera. ¿Lo has notado?

Tus palabras también moldean tu relación contigo mismo. Si tus discursos internos acerca de tu persona son hostiles, tu vida se siente hostil. Pero si te hablas con calidez y sabiduría, es más sencillo cultivar armonía en tu interior. Como te hablas, te sientes.

A partir de ahora te invito a que prestes más atención a la manera en la que te comunicas. Procura que tus palabras generen paz. Usa tu voz para sacar lo mejor de ti mismo y lo mejor de los demás. ¡Tu mente y tu corazón te lo agradecerán!

4. Recuerda que no eres el centro del universo

Si te tomas a ti mismo demasiado en serio, si piensas que todo se trata sobre ti, si vives encerrado en tu propio mundo, lo más probable es que te la pases terrible la mayor parte del tiempo. No hay nada más cansado que creerse el centro del universo.

Quítate el disfraz de protagonista de vez en cuando y trata de ver el panorama completo. No siempre eres víctima, no siempre eres culpable. La vida es una danza compleja.

Aprende a cuestionar tu visión de las cosas, aprende a reírte de ti mismo, aprende a ver que no eres tan distinto a los demás. Todas las personas, al igual que tú, enfrentan adversidades y quieren sentirse en paz. Déjate tocar por el dolor y el amor de quienes te rodean. Vive con bondad y compasión. Te sentirás menos solo y más ligero.

Mira el cielo, mira las nubes, mira los árboles y las estrellas. Todo está conectado, todo está cambiando, todo fluye a su propio ritmo. Todos somos el universo, todos coexistimos en esta cosa rara llamada vida. Relájate, suelta, confía y descansa.

CÓMO SABER SI LA MEDITACIÓN ESTÁ FUNCIONANDO

Los resultados de tu práctica de meditación se manifiestan en tu vida diaria. Éstas son algunas señales de que vas por buen camino:

1. Te das cuenta de cosas que antes pasabas por alto.
2. Eres más consciente de lo que piensas, sientes y haces.
3. Puedes identificar (y a veces cambiar) tus patrones de conducta.
4. Ya no te enredas tanto en tus pensamientos.
5. Puedes tranquilizarte en situaciones que antes te alteraban.
6. Ya no reaccionas tan impulsivamente como antes.
7. Puedes concentrarte mejor en una sola tarea.
8. Eres capaz de soltar las cosas que te obsesionan.
9. Te sientes más en calma y con más serenidad.
10. Escuchas con más atención a las personas.
11. Eres más consciente de cómo tratas a los demás.

12. Sentarte a meditar ya no representa un reto, sino que lo disfrutas.

Si notas algo de esto, ¡celébralo! Quiere decir que estás haciendo un buen trabajo.

SI QUIERES
ALIGERAR
TU MENTE,
ALIGERA
TU VIDA.

(Y VICEVERSA)

CAPÍTULO 6

INSPIRACIÓN PARA MEDITAR

CONOCEMOS EL MUNDO A TRAVÉS DE LA VENTANA DE NUESTRA MENTE. SI ELLA ES RUIDOSA, EL MUNDO TAMBIÉN LO SERÁ. Y SI ES APACIBLE, EL MUNDO LO SERÁ POR IGUAL. CONOCER NUESTRA MENTE ES TAN IMPORTANTE COMO TRATAR DE CAMBIAR EL MUNDO.

HAEMIN SUNIM

Ahora que el arte de sentarte contigo mismo es parte de tu vida, quiero compartir contigo algunas ideas que te inspirarán a meditar cada día.

En esta sección encontrarás reflexiones, frases y poemas que he escrito a lo largo de mi último año de práctica, inspirado por el silencio, la quietud y la magia de contemplar la vida con atención plena.

Puedes leer estos textos con el propósito que tú desees y en el orden que prefieras. Sin embargo, mi recomendación es que leas uno cada día antes de sentarte a meditar. Léelos lento y con calma para que puedas digerirlos, disfrutarlos y llenarte de inspiración antes de tu práctica.

Espero que los disfrutes.

¿CÓMO ES LA VIDA REALMENTE?

¿Cómo es la vida si no la juzgo?
¿Cómo es la vida si no la pienso?
¿Cómo es la vida si no la interpreto?
¿Cómo es la vida si no me la cuento?
¿Cómo es la vida en su esencia más pura?
¿Cómo es la vida si no espero nada de ella?

Habrá que descubrirlo.

OBSERVANDO

No todo lo que surge en mi mente:

- Es cierto
- Me define
- Lo controlo
- Es permanente

Inhalando y exhalando puedo observar mis pensamientos y regresar a la paz que habita en cada instante.

PAZ

Donde no hay deseo,
ni rechazo,
hay paz.

INSTRUCCIONES PARA MEDITAR (Y TAL VEZ PARA VIVIR)

1. Siéntate por el gusto de sentarte.
2. Respira por el gusto de respirar.
3. Sonríe por el gusto de sonreír.
4. Quédate en silencio por el gusto de quedarte en silencio.
5. Cuando gustes, levántate por el gusto de levantarte.

Medita así, por el gusto de meditar.

Sin nada que obtener
sin nada que lograr
sin nada que perder
sin nada que ganar.

Y tal vez descubras que la vida se trata de lo mismo.

Vivir por el gusto de vivir
estar por el gusto de estar
andar por el gusto de andar
sentir por el gusto de sentir
crear por el gusto de crear.

Sin nada que obtener
sin nada que lograr
sin nada que perder
sin nada que ganar.

CAUSA Y EFECTO

Si me aferro,
sufro.

Si me doy cuenta,
despierto.

Si suelto,
me libero.

MEDITAR ES ABURRIDO (POR ESO FUNCIONA)

Seamos honestos, sentarse en silencio y en quietud a sentir la respiración no es la actividad más entretenida del mundo. Hay miles de cosas más emocionantes y urgentes que uno puede hacer antes que ponerse a meditar.

Sin embargo, es precisamente ahí, en la relación que entablamos con el aburrimiento, donde podemos encontrar la puerta a la felicidad que tanto buscamos.

En la meditación, uno se hace amigo del aburrimiento. Y cuando eso sucede, puede sentirse pleno en todo momento. Sin necesidad de estímulos constantes. Sin necesidad de llenarse de entretenimiento, placeres, pertenencias o reconocimiento.

Hacerse amigo del aburrimiento es encontrar alegría en la sencillez.

Hacerse amigo del aburrimiento es aprender a esperar y escuchar.

Hacerse amigo del aburrimiento es fortalecer nuestra tolerancia a la incomodidad.

Hacerse amigo del aburrimiento es conocernos y aceptarnos tal como somos.

Hacerse amigo del aburrimiento es comprender la naturaleza del universo.

Hacerse amigo del aburrimiento es dejar de buscar afuera lo que sólo se puede encontrar adentro.

No es conformismo, sino libertad. Libertad de moverse por la vida sintiéndose contento. Libertad para hacer lo que uno considere óptimo, pero no desde el ansia ni desde la evasión, sino desde la completud.

Cuando medites, no busques sentir nada extraordinario, porque no lo lograrás.

Mejor entrégate al aburrimiento. Conócelo, disfrútalo y ámalo hasta que se convierta en tu mejor amigo.

SIMPLICIDAD

De la simplicidad
surge la calma.

De la calma
surge la claridad.

De la claridad
surge la paz.

PROCESO

Sé paciente con tu proceso
y con el de los demás.

Los árboles fuertes no nacen de la nada.

CUATRO RECORDATORIOS DE AMOR PROPIO

1. No necesitas ser perfecto para amarte a ti mismo. Regálate un trato amable sin condiciones, aquí y ahora.
2. El sufrimiento es parte de la vida. No te avergüences de sentirlo. Abrázate hoy más que nunca.
3. La alegría también es parte de la vida. Reconoce lo bueno que tienes hoy, celébralo y sonríe.
4. Hay muchas cosas que no están en tu control. Respira, suelta y mantén un sabio balance.

LENTO Y AMABLE

Quien va corriendo
no tiene tiempo
de ser amable
ni consigo mismo.

Quien va despacio
esparce bondad
en cada paso.

Si puedes,
ándate despacio.

RESOLVERLO TODO

No necesitas
resolverlo todo
para estar en paz.

La paz surge
cuando aceptas
que no es posible
resolverlo todo.

RUIDO INTERIOR

Alumno:
¿Cómo puedo acallar el ruido en mi interior?

Maestra:
Escuchándolo con compasión.

NO PUEDO CONTROLAR MI MENTE (Y ESO ES LIBERADOR)

Una de las primeras cosas que descubrí cuando empecé a meditar es que la mente hace lo que le da la gana.

Por más que uno se esfuerce en dejar de pensar, la mente sigue haciendo de las suyas. Incluso en estados meditativos de muchísima calma y presencia es posible percibir, muy en el fondo, una mente activa y caprichosa... casi con vida propia.

Hoy sé que es imposible controlar mis pensamientos. La mente se piensa sola. Este descubrimiento, más allá de ser desalentador, me da muchísima libertad. Reconocer que yo no gobierno mi mente es reconocer que la mente tampoco tiene por qué gobernarme a mí.

El miedo en mi mente no es mi miedo.

El apego en mi mente no es mi apego.

La historia en mi mente no es mi verdadera historia.

Puedo tomar distancia de mis pensamientos sin identificarme con ellos. Puedo posicionarme en un estado de observación consciente y tomar acción desde ahí, dejando ir narrativas mentales que no me pertenecen.

Mi práctica de meditación también me ha ayudado a comprobar que mis pensamientos no son estáticos ni duraderos. Nacen, se transforman y mueren sin que yo pueda elegir lo contrario. Tienen su propio ciclo de vida. Esa volatilidad significa aún más libertad para mí.

El miedo en mi mente no es permanente.

El apego en mi mente no es permanente.

La historia en mi mente no es la definitiva.

Cuando hay una tormenta de pensamientos, sé que esa tormenta pasará. No lucho contra ella. Uno no intenta subir al cielo a apagar las nubes; uno observa y espera con paciencia a que la lluvia cese por sí sola.

No es tan simple como parece. Mente y consciencia no son entes aislados, sino que coexisten en una relación intrínseca. Se impactan mutuamente. Son una pareja, un equipo, un matrimonio inseparable. La práctica consiste en salvaguardar la salud de esa relación, momento a momento.

Inhalando observo mis pensamientos sin intentar controlarlos, exhalando dejo de identificarme con ellos. Inhalando conecto con mi cuerpo y mi sabiduría, exhalando le sonrío al aquí y al ahora.

VIDA LIGERA

La vida se vuelve más ligera cuando:

Dejas de verla como una serie de cosas por hacer y empiezas a contemplarla como una serie de momentos por vivir.

Dejas de aferrarte a las expectativas de tu mente y empiezas a abrirte a la imperfección de la realidad.

Dejas de correr detrás de lo que crees que te hará feliz y empiezas a disfrutar la lentitud de cada paso.

CAMINO

Alumno:
¿Qué camino debo seguir?

Maestra:
Cualquiera que te lleve a un lugar de paz interior.

TAREAS

Tres tareas para hoy:

Hacer menos cosas.
Hacerlas más lento.
Disfrutarlas más.

PARA QUÉ MEDITAMOS

No meditamos para sentirnos distinto,
meditamos para sentir sin juzgarnos.
No meditamos para ser alguien más,
meditamos para amar lo que somos.
No meditamos para huir de la realidad,
meditamos para verla de frente.

HABITAR EL CUERPO ES ABRIRSE A LA VIDA

Cuando vivo demasiado en lo mental, en lo racional, en lo productivo, en la lógica... siento que le estoy cerrando las puertas a la vida, como si fuera un robot en una jaula.

Cuando me permito vivir desde lo corporal, desde las sensaciones, desde la piel, me abro como crisantemo. No siempre es sencillo, no siempre es bonito, pero siempre es liberador.

Las puertas a la vida están en el cuerpo.

Mi práctica espiritual me ha llevado (casi obligado) a establecer un compromiso con el acto de habitar mi cuerpo.

Habitar mi cuerpo es reconocer su presencia, sentirlo directamente, inflarlo con atención plena, llevarlo a todos lados y amarlo incondicionalmente.

Habitar mi cuerpo es notar cuando está tenso y liberar esa tensión. Aunque liberar implica un riesgo. El riesgo de confiar, el riesgo de ser vulnerable, el riesgo de soltarlo todo.

Habitar mi cuerpo es deshacer el nudo en la garganta, es dejar que vuelen las mariposas en el estómago, es acariciar las piezas de un corazón roto.

Habitar mi cuerpo también es conectar con su naturaleza cambiante. Es reconocer que estoy envejeciendo, que voy a enfermar y que voy a morir. Abrirse al envejecimiento, a la enfermedad y a la muerte es abrirse a la vida. Negar estos procesos es negar la vida misma.

Abrirse a la muerte del cuerpo es abrirse a la vida más allá del cuerpo.

Habitar mi cuerpo es habitar todo lo que está más allá de lo que consideramos los límites del cuerpo. Habitar mi cuerpo es habitar el agua, la tierra, el viento, el fuego. Habitar mi cuerpo es habitar el cuerpo de Lupo y el cuerpo de Laiza. Es habitar el cuerpo de mis abuelos y el cuerpo tuyo. No sé si me explico. Es abrirse a todo.

Habitar mi cuerpo es tocar la alegría desde la raíz. Es saborear una naranja dulce y refrescante. Es bañarme en una cascada y al mismo tiempo ser la cascada.

Habitar mi cuerpo no es algo que hago siempre, ni lo hago fácil. Muy seguido regreso a la jaula del robot.

Habitar mi cuerpo es una práctica, un camino, un proyecto de vida.

Habitar mi cuerpo es mi proyecto de vida.

ENCONTRAR PAZ EN UN *NO SÉ*

¿Voy por el camino correcto?

¿Es éste mi verdadero propósito?

¿A dónde me llevará esta decisión?

La verdad es que no lo sé y está bien.

Puedo sentirme en paz sin necesidad de tener una respuesta.

No sé si voy por el camino correcto.

No sé si éste es mi verdadero propósito.

No sé a dónde me llevará esta decisión.

Sólo sé que se siente bien en mí y que eso es suficiente.

Ya lo iré descubriendo momento a momento.

Lo que sea que ocurra lo recibiré con los brazos abiertos.

Cuando dejo de aferrarme, la incertidumbre se convierte en una bella aventura.

AMAR ES ESTAR PRESENTE

—

¿Cómo vas a dar amor
si no estás realmente presente?

¿Cómo vas a escuchar, entender,
conectar y empatizar si no estás ahí
con absoluta aceptación y apertura?

¿Cómo vas a entregar lo mejor de ti
si tu cabeza está en otra parte?

No es sencillo, pero hay que intentarlo
cada día, momento a momento.

El verdadero amor comienza con una mente atenta y un corazón despierto.

¿QUÉ HAY AFUERA DE MI MENTE?

¿Qué hay afuera de mi mente?

Adentro ya sé lo que hay:

Planes, historias, críticas, discursos, dilemas, teorías, recuerdos, ideas de lo que es bueno, ideas de lo que es malo.

¿Pero qué hay afuera?

¿Qué puedo ver si me detengo y observo?

¿Qué hay más allá de mi narrativa?

Sonidos, colores, sensaciones, aire, movimiento, cambio, causas y efectos.

Hay tantas cosas sucediendo mientras la vida me sostiene y yo perdido aquí adentro entre tantos pensamientos.

NADIE MEDITA DOS VECES EN LA MISMA SILLA

Cada vez que medito soy alguien distinto,
con otro cuerpo,
con otro temple,
con otra vida,
con otra mente.

Naciendo al inhalar,
muriendo al exhalar,
célula por célula,
pensamiento por pensamiento,
emoción por emoción.

Siempre estoy meditando por primera vez,
mi silla también cambia,
se erosiona y se transforma,
igual que las paredes,
igual que las montañas,
igual que las estrellas.

Y así las cosas surgen
y así las cosas cesan,

nada permanece,
todo es como un río,
entonces sonrío
sin aferrarme a nada.

Abro los ojos
y me levanto
soy un hombre nuevo
a punto de nacer
a punto de morir.

LAS GAFAS DEL YO

Llevo puestas unas gafas llamadas las *gafas del yo*.

A través de ellas, percibo la realidad como si todo se tratara de mí. Y sin darme cuenta, la vida se convierte en una guerra interna por salvaguardar mi propia identidad.

Con las gafas puestas:

- Me tomo personal lo que otros dicen y hacen.
- Me irrito por cosas que están fuera de mi control.
- Me obsesiono con actitudes perfeccionistas.
- Me comparo con los demás.
- Critico a las personas.
- Repaso en mi cabeza las cosas que dije.
- Me siguen importando los *likes*.
- Me esfuerzo por demostrar cosas acerca de mí.

Es como si en mi mente se jugara una contienda infinita donde cada pequeño detalle representa puntos a mi favor o en mi contra.

¡Vivir así es cansadísimo!

No hay nada más desgastante que una mente saturada de pensamientos autorreferenciados. No hay trabajo más duro que creerse el centro del universo.

Pero me bastan una pausa, un respiro y una sonrisa para recordar que puedo quitarme las gafas, como quien se quita una mochila después de un largo paseo.

Sin las gafas del yo puedo darme cuenta de que mis preocupaciones son solamente historias que me cuento. Narrativas sesgadas por suposiciones sin sustento.

Puedo descansar en lo complejo y en lo mágico de la vida, recordando que ¡nada se trata de mí!

Puedo ver a los demás directo al corazón, sin filtros de por medio.

Puedo soltar las etiquetas que me definen.

Puedo observar el dolor sin hacerlo mío.

Puedo abandonar esta carrera absurda.

Puedo sentirme pleno sin necesidad de demostrar nada.

Sin las gafas del yo soy libre, porque no soy nadie.

EL UNIVERSO EN TUS PULMONES

Tu respiración es algo tan sencillo y a la vez tan maravilloso.

Si estás respirando, es porque tienes vida.

Si tienes vida, es porque estás respirando.

¿Y qué necesitas para respirar?

Nariz, pulmones, oxígeno, árboles.

Si hay árboles, es porque hay vida.

Si hay vida, es porque hay árboles.

¿Y qué necesitan los árboles para existir?

Tierra, agua, sol, viento.

Si hay tierra, agua, sol y viento, es porque hay vida.

Si hay vida, es porque hay tierra, agua, sol y viento.

Tu respiración es el resultado de la vida ocurriendo.

Tu respiración contiene al universo en cada inhalación y cada exhalación.

Ahora respira con una sonrisa, celebrando tu vida, celebrando al universo, celebrando este momento.

En serio, respira.

EL PODER DE UNA SONRISA

Descubrí el poder de la sonrisa durante una sesión de meditación matutina. Fue un día que estaba meditando con excesivo esfuerzo, buscando sentir algo especial.

De pronto comprendí que lo que necesitaba no era esforzarme, sino soltar. Entonces me burlé de mí, sonreí y solté. No había nada que lograr, lo único que tenía que hacer era entregarme al momento presente sin expectativas.

A partir de ese momento empecé a disfrutar más mi práctica de meditación y, eventualmente, también empecé a disfrutar más la vida.

Cuando sonrío dejo ir.

Cuando dejo ir veo con claridad.

Y cuando veo con claridad me siento pleno sin importar lo que esté ocurriendo.

Meditar es algo que se vuelve simple y ligero cuando se hace con una sonrisa.

Si te sientas en silencio y en quietud, esbozando una sonrisa sutil, descubrirás la magia y la belleza del aquí y el ahora.

Cuando le sonríes al momento presente tal como es, el momento presente te sonríe de vuelta y te entrega toda su calma y toda su sabiduría.

No necesitas hacer nada, no necesitas buscar nada.

Tan sólo detente, siéntate, respira y sonríe.

MEDITAR ES MÁS
QUE MEDITAR

Meditar es limpiar tu corazón
en las aguas del silencio.

Meditar es aceptar,
meditar es dejar ir,
meditar es transformar.

Meditar es hallar respuestas
dejando de buscarlas.

Meditar es escucharte,
meditar es conocerte.
meditar es amarte.

Meditar es la magia que sucede
cuando dejas de hacer,
cuando dejas de correr,
cuando dejas de analizar.

Meditar es descubrir que eres
mucho más que el personaje
que te has inventado.

UNA DESPEDIDA Y UNA INVITACIÓN

El comienzo de un gran camino

La meditación es un libro que nunca se termina. Cuanto más avanzas, más páginas aparecen. Cada día hay algo nuevo por descubrir y experimentar. Lo bonito de esto es que no hay un final al cual llegar. Cada página es una historia, cada respiración es un pequeño despertar, cada instante es una muerte y un nacimiento. Meditar es ver la vida desdoblándose.

Quiero invitarte a que sigas meditando. Sigue avanzando por tu propio camino, sin expectativas y sin buscar la perfección. Disfruta tu práctica momento a momento. Quizá con el tiempo quieras profundizar más en tus conocimientos acerca de la meditación, de sus orígenes y de la filosofía que la respalda. Si esto te llama la atención te invito a que lo explores, pero sin dejar de lado tus sentadas.

O tal vez, puede ser que este tipo de práctica deje de interesarte y quieras buscar otros caminos. Eso también está bien. Tú debes construir tu propia historia.

Por mi parte, no queda más que desearte un grato camino.

Que estés en paz, que seas feliz y que encuentres siempre la sabiduría para lidiar con los retos de la vida.

Gracias por leer

Gracias por haber elegido este libro.
Gracias por leerlo con atención.
Gracias por tu esfuerzo.
Gracias por meditar.
Gracias por estar.
Gracias por ser.

Mi corazón te sonríe y te hace una reverencia.

Agradecimientos especiales

Laiza, gracias por toda la energía, atención y cariño que pones a mi disposición cuando paso por el proceso de escribir un libro. Gracias por escuchar mis dilemas, por leer mis avances y por darme tus sugerencias.

Gracias a cada una de las personas que han pasado por la Comunidad de Meditantes. Compartir con ustedes me nutre como practicante y como instructor.

Gracias a todos los maestros de meditación que me han inspirado y me han formado hasta hoy.

Lupo, gracias por meditar conmigo pacientemente, aun cuando lo que más deseas es que ya suene la campana para irnos a pasear.

Gracias a mi familia, a mis amigos y a todas las personas que me inspiran y me motivan a seguir meditando y a seguir siendo yo.

Mi corazón les hace una reverencia.

Siéntate contigo mismo de Pedro Campos
se terminó de imprimir en marzo de 2023
en los talleres de
Litográfica Ingramex, S.A. de C.V.
Centeno 162-1, Col. Granjas Esmeralda, C.P. 09810,
Ciudad de México.